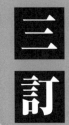

業種別「目利き力」

DASP-4列SWOT分析活用法

三浦英晶・保科悦久 著

経済法令研究会

はじめに

　今日のわが国の中小企業は、世間の価値観や物の善し悪しが根底から覆されるなか、これまでにないほどの大きな経営環境の変化への対応を求められています。そして、その企業を支援する者においても同様です。

　金融支援の場においても、金融庁が金融モニタリング基本方針において、「事業性評価」に基づく融資を求めるなど、より一層の企業診断能力（"目利き力"）、最適な解決策の提示・支援を図るためのコンサルティング機能の発揮が求められています。

　企業の"目利き"において重要な要素のひとつは、決算書などの数値的な分析（定量分析）です。その企業の状況をつかむには、各数値について詳細に分析することも必要ですが、その前に、企業の資金の流れの特徴を網羅的に把握することが重要です。

　さらに、企業の経営理念・経営資源・業務内容など、数値には表わされていない特徴を網羅的に把握すること（定性分析）も重要です。今、企業が持つ固有の強みや特徴（知的資産）の評価力の向上が求められています。

　本書では、定量分析－定性分析の両輪を行う"目利き"のための手法を提案しています。金融機関の関係者、各種専門家など、企業支援にかかわる方の役に立つことができれば幸いです。

平成28年10月

著者を代表して　三浦英晶

CONTENTS

はじめに

第1章　DASP−4列SWOT分析

第1節　中小企業を定量分析する−DASP分析−……………2
第2節　中小企業を定性分析する−4列SWOT分析−……………9
第3節　中小企業の定量・定性クロス分析−DASP−4列SWOT分析−　18
第4節　本書の利用法……………20

第2章　業種別分析

第1節　農業、林業……………24
第2節　漁業……………32
第3節　建設業……………40
第4節　製造業……………50
第5節　情報通信業……………60
第6節　運輸業、郵便業……………70
第7節　卸売業……………80
第8節　小売業……………90
第9節　不動産業、物品賃貸業……………100
第10節　学術研究、専門・技術サービス業……………110
第11節　宿泊業、飲食サービス業……………120
第12節　生活関連サービス、娯楽業……………130
第13節　サービス業……………140
第14節　医療、福祉業……………150

CONTENTS

第3章　参考資料

第1節　DASP－4列SWOT分析に使用するフォーマットについて…160

第2節　平成27年中小企業実態基本調査（平成26年度決算実績）速報
　　　　に基づく業界標準値 ……………………………………………161

> 　本書では、分析を行うための標準値として、中小企業庁2016年3月29日公表「平成27年中小企業実態基本調査（平成26年度決算実績）速報」の結果を加工した数値を使用しています。そのため、執筆時点（平成28年7月）の情勢にそぐわない部分があります。

第1章
DASP−4列SWOT分析

第1節 中小企業を定量分析する －DASP(ダスプ)分析－

1 中小企業の分析は決算書から

　中小企業の実態を俯瞰する場合、一番よい方法はやはり最新の決算書を分析することである。

　わが国の企業は、年に最低一度は税金の申告のため決算書等を作成しなければならない。個人企業であれば、毎年12月31日を最終日とした損益計算書、および貸借対照表（資産負債調）であり、法人企業であれば、会社法の規定により、自らが決めた決算日を最終日とした損益計算書、貸借対照表、株主資本等変動計算書などを作成しなければならない。

　金融機関の融資渉外担当者からすれば、この最新の決算書はまさに、融資先企業の現状を把握するために、定量的データを得る最も重要な手段となる。

　ここで、最初から決算書（主として貸借対照表、損益計算書）の勘定科目数値の1つひとつをこと細かに分析することは有用でない。これでは〝木を見て森を見ず〟という状態に陥ってしまうことになる。まず木を見る前に、森の全体像をいろいろな視点からながめ、この森は、「周囲が100メートルほどある」「広葉樹が大部分を占めている」「中心を小川が流れている」などの特徴を大づかみしたほうがよいのである。そこで企業を森にたとえ、大づかみに企業の特徴を把握する方法として、以下「DASP分析」を解説する。

2　DASP分析とは

① 人の体と企業

"人の体は小宇宙"とよくいう。私たちは日頃、肉、野菜、炭水化物、果物など、いろいろな物を<u>食べて生きている</u>①。それらが、<u>体の血となり肉となっている</u>②。そして、その<u>体を動かして日々働いている</u>③。体を動かすと、<u>エネルギーを消費する</u>④。消費されなかったエネルギーは、脂肪などの形で体に蓄えられる。この脂肪はまた体を動かす時に消費される。このように一連の私たちの体の活動は、体内でエネルギーの循環を繰り返している。

そして、人の体と同じように、企業もまた事業活動を通して資金の循環を繰り返している（【図表1】）。

② エネルギー循環とDASP循環

【図表1】のように、企業は、人が物を食べるのと同じように<u>資金を調達する</u>①。そして、その資金でいろいろな<u>資産を購入する</u>②。その資産を活用して<u>売上高を獲得する</u>③。売上高獲得のための活動で<u>費用を支払う</u>④。費用として支払われなかった資金は、<u>内部留保として企業に蓄えられる</u>①。この

【図表1】人の体と企業の循環

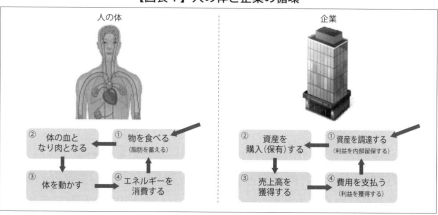

【図表2】DASP分析図の例

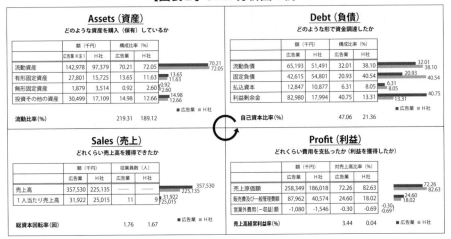

ように、企業の事業活動の全体像を見ると、人の体のエネルギー循環と同じように、資金の循環を繰り返している。

筆者は、このような企業の資金循環を、"DASP（ダスプ）循環"と呼んでいる。"DASP（ダスプ）"とは、Debt（負債）①、Assets（資産）②、Sales（売上）③、Profit（利益）④のそれぞれの頭文字をとって並べた造語で、この資金の循環を分析することを、"DASP分析"と呼んでいる。また、このDASP分析を行う際には、"DASP分析図"を使用している（【図表2】）。

③　DASP分析図

【図表2】"DASP分析図"では、【図表1】と同じように企業の資金循環を表しており、全体を4つのセクションに分けている。

まず、"Debt（負債）"のセクションでは、"どのような形で資金調達したか"を表している。これは、人のエネルギー循環においての、"何を食べたか"と同じことである。ここでは、"Debt（負債）"を、「流動負債」「固定負債」「払込資本」「利益剰余金」の4つの項目に分解している。

「流動負債」は、"決算後1年以内に返済すればよい債務"であり、食べ物にたとえると、すぐにエネルギーになる米、パンなどの炭水化物である。

【図表3】Debt（負債）セクション

Debt（負債）
どのような形で資金調達したか

	額（千円）		構成比率（%）	
	広告業	H社	広告業	H社
流動負債	65,193	51,491	32.01	38.10
固定負債	42,615	54,801	20.93	40.54
払込資本	12,847	10,877	6.31	8.05
利益剰余金	82,980	17,994	40.75	13.31
自己資本比率(%)			47.06	21.36

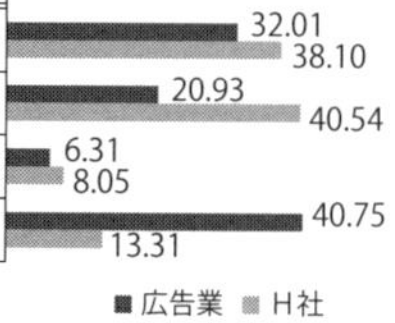

■広告業　■H社

　「固定負債」は、"決算後1年を超えて返済すればよい債務"であり、食べ物では、肉や魚、野菜のような血となり肉となるものである。「払込資本」は、"株主から払い込まれた資金"であり、自分の庭でとれた野菜といったところであろうか。「利益剰余金」は、"利益の蓄積の一部を積み立てたもの"で、体に蓄積された脂肪と似たようなものである。

　次に、"Assets（資産）"のセクションでは、Debt（負債）セクションで調達した資金をもとに"どのような資産を購入（保有）しているか"を表している。人の体でいうと、食べた物が体のなかで、"血、肉、骨など、どのようなものに変わったか"と同じことである。ここでは、「流動資産」「有形固定資産」「無形固定資産」「投資その他の資産」の4つの項目に分解している（DASP分析では、繰延資産は分析対象としていない。そのため、この4つの項目の構成比率の合計は100%にならない）。

　「流動資産」は、"決算後1年以内に現金化可能な資産"であり、現金・預金もここに含まれる。これは体のなかの"血液"のようなものであり、人が出血多量で死んでしまうのと同じように、企業も現金（キャッシュ）が尽きると倒産してしまう。「有形固定資産」「無形固定資産」は、"1年以上保有する資産"であり、体の骨や肉のようなものである。「投資その他の資産」は、投資有価証券などの長期保有目的資産であり、体の皮膚といったところであ

【図表4】Assets（資産）セクション

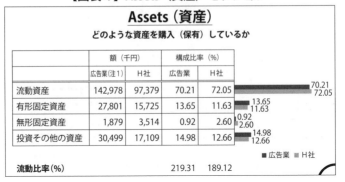

ろうか。

"Sales（売上）"セクションでは、Assets（資産）セクションにある資産を活用することで"どれくらい売上高を獲得できたか"を表しており、人が"どれだけ仕事をしたか（活動したか）"と同じことである。ここでは、「売上高」「1人当たり売上高」の2つの項目で表している。

「売上高」は、まさに"どれくらい売上高を獲得できたか"である。「1人当たり売上高」は、売上高を従業員数で除した金額である。これを人でたとえるなら、足の長い人と短い人が、それぞれ5分間ウォーキングした時、通常は足の長い人がより長い距離を歩けるであろうが、足の長さのハンディを考慮すると、どちらがより多くの歩数を稼いだかが判明する、ということで

【図表5】Sales（売上）セクション

Sales（売上）
どれくらい売上高を獲得できたか

	額（千円）		従業員数（人）	
	広告業	H社	広告業	H社
売上高	357,530	225,135	―	―
1人当たり売上高	31,922	25,015	11	9
総資本回転率(回)			1.76	1.67

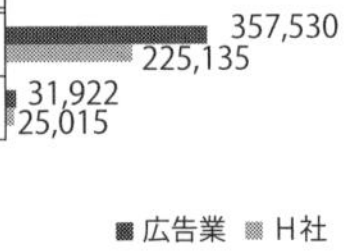

■広告業　■H社

ある。

　最後に、"Profit（利益）"のセクションでは、Sales（売上）セクションで獲得した売上高から"どれくらい費用を支払ったか（利益を獲得したか）"を表しており、人の体でいうと、活動を通して、"どれだけエネルギーを消費したか"と同じことである。ここでは、「売上原価額」「販売費及び一般管理費額」「営業外費用（－収益）額」の３つの項目に分解している。

　「売上原価」は、"売上高を獲得するために要する直接費"であり、人でいうと"基礎代謝で消費するエネルギー"のようなものである。「販売費及び一般管理費額」は、"企業の販売活動および管理活動に要する費用"であり、"人が仕事をしたときに消費するエネルギー"のようなものである。「営業外費用（－収益）額」は、"企業の主たる営業活動以外で経常的に発生する費用（－得る利益）"であり、人が仕事以外の活動（遊びなど）で消費したエネルギーのようなものである。

　このように、"DASP分析図"は、資金の全社的な流れ、"どのような形で資金調達し、それをもとにどのような資産を購入（保有）し、その資産を活用してどれくらい売上高を獲得し、その売上高からどれくらい費用を支払ったか（利益を獲得したか）"を１つの図で表している。DASP分析のコンセプトは、企業の詳細な財務分析に入る前に、まず資金の流れの全体像をつかむ

【図表６】Profit（利益）セクション

Profit（利益）
どれくらい費用を支払ったか（利益を獲得したか）

	額（千円）		対売上高比率（%）	
	広告業	H社	広告業	H社
売上原価額	258,349	186,018	72.26	82.63
販売費及び一般管理費額	87,962	40,574	24.60	18.02
営業外費用（－収益）額	-1,080	-1,546	-0.30	-0.69
売上高経常利益率（%）			3.44	0.04

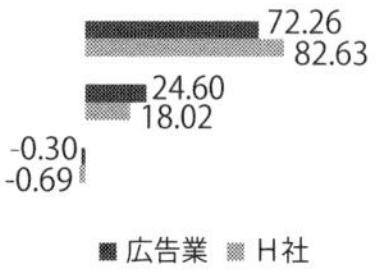

【図表7】DASP分析図の構造

ことにあり、まさに「木を見る前に、森を見る」分析法である。「分析の基本は、"大きく入って、小さく抜ける。"である」であり、このDASP分析では、"大きく入った"わけである。

④ "DASP分析図"と決算書

　DASP分析図について、補足しておく。実は、このDASP分析図は、企業の決算書のなかで重要なもののうちの2つ、「貸借対照表（B/S）」と「損益計算書（P/L）」を合体させた構造になっている（【図表7】）。「貸借対照表」は"企業の断層写真"といわれ、決算時点での企業の財務状況を表している。一方、「損益計算書」は"企業の成績表"といわれるように、一定期間内（一会計期間など）に、企業がいくら売り上げて、いくら稼いだかを表している。通常、「貸借対照表」と「損益計算書」は別々の形で表されているが、"資金の流れ（循環）"という観点では、ひとつに繋がっているのである。

第２節 中小企業を定性分析する －４列SWOT（スウォット）分析－

１　企業実態は決算書だけではわからない

　人間ドックでは、様々な医療機器で人の体を測定し、その結果得られた数値と基準値を比較することで診断を行う。そして、異常な数値がある場合は、その部分について再検査を行い、より詳細に調べる。

　"DASP（ダスプ）分析"では、企業の決算書の数値と業界標準値を比較することで、その企業の資金の流れの特徴をつかんだ。そして、業界標準値との差が大きい部分に関して、より詳細な分析を行った。まさに"企業ドック"を行ったわけである。

　では、企業の実態を把握するためには、このような決算書の数値分析だけで十分なのだろうか？

　DASP分析で使用した企業の決算書（貸借対照表・損益計算書）は、企業の断層写真・成績表といわれ、企業の財務状態・営みの結果を数値で如実に表している。しかし、なぜこのような数値になったのか、その理由は書かれていない。また、企業が現在行っていることのなかには、まだ結果として決算書の数値に表れていないものもあるだろう。

　人間ドックの場合は、チェックシートや医師のヒアリングにより、"お酒は一日何杯飲みますか？""息切れすることはありますか？"といった、機器による測定ではわからないことを調査する。

　企業を分析する場合も、このような調査が必要になる。"新商品の開発は

どのくらいの頻度で行っていますか？″ ″販売価格はどのように決定していますか？″ ″社員教育はどのように行われていますか？″。これらは企業の売上高の増減に強く影響を及ぼすが、決算書からは知ることができない。また、社員教育などは、すぐに効果が表れなくても、来期に売上高の増加をもたらすかもしれない。決算書の数値の分析（定量分析）と、決算書の数値では知ることのできない情報の分析（定性分析）は、同等に重要なのである。

2　SWOT分析
スウォット

決算書の数値では知ることのできない情報の分析（定性分析）の方法でよく使われるのが、″SWOT分析法″である（【図表8】）。

【図表8】SWOT分析

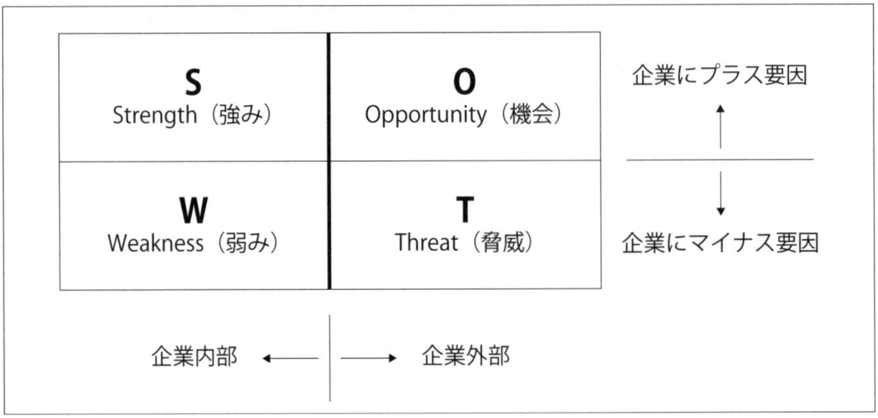

S Strength（強み）	O Opportunity（機会）	企業にプラス要因 ↑
W Weakness（弱み）	T Threat（脅威）	↓ 企業にマイナス要因

企業内部 ← → 企業外部

この方法では、まず、企業内部の情報を、″強み″と″弱み″の２つに分けて整理する。たとえば、前述の調査項目″販売価格はどのように決定していますか？″に対して、″言い値である″という場合には、″弱み″と考えられる。しかし、″自社での原価・費用と競合他社の販売価格を考慮したうえ

で、商品ごとに利益率を調整し、全体で利益が出る価格に調整している″という場合には、価格管理を徹底しているということで″強み″と考えることができる。

また、企業内部のことだけでなく、企業外部のことも、その企業にとって追い風になる″機会″と、向かい風となる″脅威″の２つに分けて整理する。たとえば、″大手競合企業が大幅値下げを行った″という場合には、自社が追随できないほどの値下げであれば″脅威″と考えられる。しかし、″競合企業が値上げを行った″という場合には、自社で値上げの予定がなければ″機会″と考えることができる。

このように、企業内部の″強み・弱み″、企業外部の″機会・脅威″の４つを合わせて分析するのが、SWOT分析法である。この名前は、アルファベットの頭文字から由来している。

S：Strength（強み）
W：Weakness（弱み）
O：Opportunity（機会）
T：Threat（脅威）

3　4列SWOT分析

SWOT分析法は、分かりやすく使いやすい、定性分析では一般的な手法である。しかし、それゆえの弱点もある。

SWOT分析では、強みは強みとしてひとまとめに整理し、弱みは弱みとしてひとまとめに整理する。そのため、情報の粒度（レベル感）がまちまちで区分されていない。たとえば、社長が意思決定するような企業の大枠のことも、社員の業務に係る小さなレベルのことも、ごちゃ混ぜになってしまう。また、S・W・O・Tそれぞれの関係性も分かりづらい。たとえば、前述の

"販売価格"に関係する社内のS（強み）と社外のT（脅威）の2つはセットで考慮しなければならないが、別々の場所に記入されており、その関係性が分かりづらい。

　このようなSWOT分析の弱点を補ったものが、"4列SWOT分析法"である（【図表9】）。

【図表9】 4列SWOT分析

O・T Opportunity(機会) Threat(脅威)		小項目	S Strength(強み)	W Weakness(弱み)	
	トップ マネジメント レベル	経営理念			企業の大枠 （大きな視点） から 詳細 （小さな視点） へ
		ビジョン			
		経営戦略			
		意思決定・組織体制			
	ミドル マネジメント レベル	人材			
		設備・店舗			
		資金			
		情報・システム			
		商品構成			
		商品価格			
		仕入経路			
		販売経路			
	現場 レベル	店舗運営			
		接客・サービス			
		プロモーション			

企業外部（大きな視点）から企業内部（小さな視点）へ →

　この方法では、S・W・OTを列状に並べている。そして、"項目"列には、粒度（レベル感）ごとに分析すべき項目を並べ、その項目ごとにS・W・OTを区切っている。このことで、情報の粒度（レベル感）の区分整理、S・W・OTの関係性の整理ができる。また、前述したように、分析の基本は、"大きく入って、小さく抜ける。"である。4列SWOT分析表では、上段から下段に向け、企業の大枠の情報（大きな視点）から業務の詳細情報（小さな視点）へ流れるように配置されており、まず企業の大枠について考え、徐々に詳細に視点が移るような構成になっている。さらに、表の左から右に向け、企業外部の情報（世界の事象、日本の事象、経済全体の動きなど、大きな視点）から企業内部の情報（企業内に限られた、小さな視点）へ

流れるようになっている。

　また、人間ドックの場合は、事前にチェックシートに沿って各質問項目をチェックし、医師に提出するが、4列SWOT分析表の各〝項目〟は、このチェックシートの役割も果たす（【図表9】には例でいくつかの項目をあげているが、実際にはこれらをさらに分解してチェック項目を作成する）。通常のSWOT分析では気付きにくいが、分析すべき情報項目を事前に整理しておくことで、分析時の抜け・漏れを防ぐことができる。

　4列SWOT分析表では、O（機会）とT（脅威）が、同じ列に配置されており、区別されていない。これは、O（機会）とT（脅威）は表裏一体であるからである。たとえば、〝低価格志向の高まり〟という企業外部の状況は、もともと低価格商品を強みとしている企業にとっては〝O（機会）〟であるが、高級品を専門に取り扱う企業にとっては〝T（脅威）〟となる。企業外部の情報（大きな視点）について考える時点では、OなのかTなのかはフラットにしておこうという意図である。

① 小項目

　【図表10】には、例として、ある広告業者の4列SWOT分析表をあげている。4列SWOT分析表では、S（強み）、W（弱み）、OT（機会、脅威）を列状に並べ、〝小項目〟列には、粒度（レベル感）ごとに分析すべき項目を並べている。この〝分析すべき項目〟は、業種によって異なり、また同じ業種でもそれぞれの企業によって異なる。たとえば、モノを作る製造業と、モノを売る小売業では、分析の視点は異なる。企業の大枠の部分である、全般（経営理念、経営戦略など）、経営資源といった項目は、業種に限らず重要であるため、製造業でも小売業でも〝分析すべき項目〟と考えることができる。しかし、現場レベルでの業務になると、製造業では〝いかにモノを作るか〟という視点が重要であるのに対し、小売業では〝いかにモノを作るか〟という視点は必要ない。

【図表10】 ４列SWOTチェック表（例）

OT		小項目	DASP関連性	SWチェック
国内人口の減少 少子高齢化による嗜好の変化 広告業界全体の低迷	トップマネジメントレベル	1 全般マネジメント	DASP	□経営理念（ビジョン）があり、従業員に周知されているか？ □経営戦略が策定され、進捗状況が把握されているか？ □意思決定は迅速に行われ、従業員に浸透しているか？ □組織体制は整備され、連携が取れているか？ □権限委譲、職務分掌は十分にされているか？ □法令順守などコンプライアンスは実行されているか？
少子高齢化による労働人口の減少 不況による人材確保面で有利な局面 人員削減・派遣労働者の解雇		2 ヒューマンリソース・マネジメント	P	□定着率はよいか？ □モチベーションは保たれているか？ □適材・適所に人材が配置されているか？ □スキルアップのための教育は十分か？（社内技術・技能の伝承、新技術の習得） □給与・賞与管理、評価制度は適切であるか？ □福利厚生は従業員が納得するレベルか？
国の資金繰り支援策実施 金利低下 株安		3 ファイナンス・マネジメント	DASP	□財務会計処理は毎月適切に行われているか？ □月々の資金は管理されているか？ □資金調達時の担保となるものがあるか？ □プロジェクトごとの損益分析を行っているか？ □売掛金・買掛金のバランスは悪くないか？ □売掛金の回収状況は順調か？
建物の耐震問題 PC以外のITツール（ハードウェア）の普及 モバイル機器の普及 IT機器の更なる低価格化		4 ファシリティ・マネジメント（オフィス・設備）	AP	□オフィスはイメージのよい場所にあるか？ □オフィスは主要顧客にアクセスしやすい場所にあるか？ □オフィスは作業効率を考慮した造りになっているか？ □オフィスはスタッフの創造性を助長する内装・造りになっているか？ □オフィスはコミュニケーションのしやすい造りになっているか？ □設備のバージョンアップ、リニューアルは適切に行われているか？
情報システムの低価格化 無料ツールの台頭 クラウドコンピューティングの普及 PC以外のITツール（ハードウェア）の普及		5 情報マネジメント	ASP	□紙書類は分類、保管され、適宜活用されているか？ □必要のない紙書類が保存され、オフィススペースを無駄にしていないか？ □電子ファイルは分類、保管され、適宜活用されているか？ □必要のない電子ファイルが保存され、記憶媒体スペースを無駄にしていないか？ □情報は管理レベルごとに適切に共有されているか？ □情報セキュリティは情報の活用を妨げない適切なレベルで対策を講じているか？ □社内コミュニケーションが円滑に行われる仕組みになっているか？
新たな広告手法の台頭 モバイル市場の拡大 広告手法の多様化、細分化	ミドルマネジメントレベル	6 新サービス開発	SP	□最新の広告手法をフォローアップしているか？ □自社のコアコンピタンスを理解しそれに付随するサービス開発をしているか？ □顧客のニーズ・動向を新サービスに反映させているか？ □協業先との共同開発などでサービスの幅を広げているか？
新たな広告手法の台頭 広告手法の多様化、細分化 コストダウン要請の強まり 請負単価の下落		7 パートナー・マネジメント	P	□1つの作業に対し、複数の外注先を有しているか？ □コンスタントに付き合いのある安定的な外注先を有しているか？ □外注指導によるコストダウンを実施しているか？ □外注先の技術レベル（QCT）は高いか？ □より条件のよい、技術レベルの高い新規外注先の開拓はコンスタントに行われているか？
コストダウン要請の強まり 請負単価の下落		8 進捗管理（原価管理）	SP	□案件ごとの進捗をフェーズごとに把握しているか？ □進捗とともに原価を把握しているか？ □案件をまたいだ横断的なスタッフの融通ができているか？ □過去のJPの進捗・原価実績を見積に活かしているか？
顧客ニーズの多様化・深化 マスコミ4媒体の低迷 紙媒体の低迷 DM、SPなどのターゲットを絞り込んだ広告のニーズ増加 ネット広告の拡大と伸び率の鈍化	現場レベル	9 サービス	SP	□スタッフの専門知識、専門スキルは高いか？（保有資格含） □競合にはないオリジナルサービスはあるか？ □サービスの種類は豊富か？（顧客からのニーズに対応できているか） □サービスに自社のコアコンピタンスは活かされているか？
顧客ニーズの多様化・深化 広告手法の多様化、細分化 コストダウン要請の強まり 請負単価の下落		10 営業（販売チャネル）	S	□営業担当者の人員数、能力は十分か？ （コミュニケーション・プレゼンテーション・傾聴能力） □既存顧客への継続・追加案件へのアプローチは計画的に行われているか？ □新規顧客へのアプローチは計画的に行われているか？（新規顧客比率） □外注先の販路を取り込んでいるか？ □顧客情報はデータベース化・共有化され、アプローチ履歴は記録されているか？

　"分析すべき項目"は、自分が分析したいポイントにより設定していくが、偏った分析になったり、分析に抜け・漏れが起きたりしないよう、なるべく

広い視点からあげるのが理想である。

　このように、小項目は分析する企業ごとに異なるが、本書では、この小項目を大きく、「トップマネジメントレベル」「ミドルマネジメントレベル」「現場レベル」の３つにレベル分けしている。多くの企業では、経営陣、中間管理職、現場で実際に作業している従業員がいる。そのマネジメントレベルごとに、何に着眼してヒアリングし、分析すればよいかを明確にし、また、どのマネジメントレベルに強みを持っているのか、弱みを持っているのかを明らかにするためである。

② ＯＴ（機会、脅威）

　"項目"列の左側には、"ＯＴ（機会、脅威）"列がある。ここには、企業外部の動向、企業の追い風や向かい風になる動向を記入する。大きな視点で、世界・日本の社会・経済・政治・テクノロジーなどの動向、少し視点を小さくして、競合企業、販売先、仕入先などの動向を、各"項目"に対応させる形で記入する。企業の分析では、その企業の経営に影響を及ぼすと考えられる外部の動きを把握しておく必要がある。

③ ＳＷチェック

　"小項目"列の右側には、"ＳＷチェック"列がある（"DASP関連性"については、次回述べる）。ここには、各"項目"について、その企業の"Ｓ（強み）、Ｗ（弱み）"を探るためのチェック項目が記入されている。これは、人間ドックにおけるチェックシートや医師のヒアリング項目と同じである。

　このＳＷチェック項目も、"項目"と同じように、業種や企業により異なり、自分が分析したいポイントにより設定していくが、抜け・漏れが起きないよう、なるべく広い視点からあげるのが理想である。【図表10】の例では、各項目に対して４～７項目ずつ設定しているが、より詳細に分析する場合はチェック項目も増える。また、より詳細に分析する場合は、"項目"をさらに"小項目"や"細項目"に分割してもよい。

④　S（強み）、W（弱み）

　さて、ここまでの段階で、ようやく4列SWOT分析の下準備が完了した。ここからが本番、企業の"S（強み）、W（弱み）"を探る段階である。

　"SWチェック"項目に沿って、分析する企業もしくは自社の経営者や従業員にヒアリングを行う。そしてその結果が、4列SWOT分析表【図表11】である。"強み"であれば"S"列に、"弱み"であれば"W"列に記入していく。当然であるが、この時、誰もが皆、同じ答えを出すとは限らない。ある従業員は、"S"と考えることでも、ある従業員は"W"と考えることもある。また、経営者の視点では"S"でも、従業員の視点では"W"ということも少なくない。さらに注意が必要なのは、時系列を意識しなければなら

【図表11】 4列SWOT分析表（例）

OT		小項目	DASP関連性	S	W
国内人口の減少 少子高齢化による嗜好の変化 広告業界全体の低迷	トップマネジメントレベル	1 全般マネジメント	DASP		社長以下は横並びの組織体制
少子高齢化による労働人口の減少 不況による人材確保面で有利な局面 人員削減・派遣労働者の解雇		2 ヒューマンリソース・マネジメント	P		社内勉強会は現在休止状態
国の資金繰り支援策実施 金利低下 株安		3 ファイナンス・マネジメント	DASP		外注費の支払いサイトが売掛金の入金サイトより短い 月次決済の集計完了は半年後
建物の耐震問題 PC以外のITツール（ハードウェア）の普及 モバイル機器の普及 IT機器の更なる低価格化		4 ファシリティ・マネジメント（オフィス・設備）	AP	都心の複数の地下鉄にアクセスできるオフィス オフィスのPCだけでなく、複数のモバイルツールを各自に支給 クリエイティブのためのソフトウェア（アプリケーション）は充実し、最新のもの	
情報システムの低価格化 無料ツールの台頭 クラウドコンピューティングの普及 PC以外のITツール（ハードウェア）の普及		5 情報マネジメント	ASP	充実した個人スペースとミーティングルーム	情報はほぼ個人管理
新たな広告手法の台頭 モバイル市場の拡大 広告手法の多様化、細分化	ミドルマネジメントレベル	6 新サービス開発	SP	アイデアマン・新しい物好きの社長がメインでサービス開発 外注先と共同で自社にない技術を使用したサービス開発	
新たな広告手法の台頭 広告手法の多様化、細分化 コストダウン要請の強まり 請負単価の下落		7 パートナー・マネジメント	P		外注先は固定的、新規外注先開拓は自主的に行われていない
コストダウン要請の強まり 請負単価の下落		8 進捗管理（原価管理）	SP		作業時間の予測・実績管理はされておらず、原価計算・見積はアバウト
顧客ニーズの多様化・深化 マスコミ4媒体の低迷 紙媒体の低迷 DM、SPなどのターゲットを絞り込んだ広告のニーズ増加 ネット広告の拡大と伸び率の鈍化	現場レベル	9 サービス	SP		スタッフのスキルは中程度、アイデアマン不在
顧客ニーズの多様化・深化 広告手法の多様化、細分化 コストダウン要請の強まり 請負単価の下落		10 営業（販売チャネル）	S		既存顧客への営業はサービススタッフが兼務、新規営業は社長が担当 顧客情報は社長が保有

ない点である。通常のSWOT分析も4列SWOT分析も同じであるが、ここでいう"Ｓ（強み）、Ｗ（弱み）"とは、現在の"Ｓ、Ｗ"であり、過去の"Ｓ、Ｗ"ではない。10年前、5年前の成功体験から、その頃の強みが現在も自社の強みであると考えているが、実はそれはもう過去のことで、今では通用しない、といったことを客観的に判断する必要がある。また、時系列の問題は、"ＯＴ（機会、脅威）"についても同様である。過去の機会は現在では通用しない。

"Ｓ、Ｗ"の決定においては、最新の情報、客観的な視点で、真実を見抜く必要がある。そして、その企業にとって、"真の強み"は何なのかを探り出すことが必要である。

このように、「4列SWOT分析」は企業の調査から分析まで一貫して使用できるツールである。

4列SWOT分析法においても、大きな視点から、徐々に細かい部分にフォーカスし、詳細な部分まで分析していく方法は、DASP分析と同じである。

第3節 中小企業の定量-定性クロス分析 －DASP-4列SWOT分析－

1　DASP分析と4列SWOT分析には因果関係がある

　前節までで、DASP分析と4列SWOT分析について説明してきた。

　DASP分析では、対象となる業種の標準値と企業の決算書の数値を比較することで、その企業の特徴を理解した。4列SWOT分析では、対象となる業種のチェック項目から、企業の業務レベルと業務プロセス別にS（強み）とW（弱み）を導いた。

　さらに、この2つの分析には相互関係がある。DASP分析－4列SWOT分析に限らず、定量分析の結果の要因が定性分析に表れていたりと、定量分析と定性分析には因果関係があるケースが多く見られる。

　4列SWOT分析表のそれぞれの小項目にはDASP関連性を記述してあり、D、A、S、Pのどれに影響を与えるのかがわかるようになっている。4列SWOTとDASPを行ったり来たりしながら、DASPでの数値がよくない理由を4列SWOTから導いたり、4列SWOTで弱みになっている項目から将来DASPに表れるインパクトを予測したりすることが可能である。

　ぜひ、中小企業の「目利き」実践の場で活用していただきたい。

【図表12】DASP－4列SWOT相関図

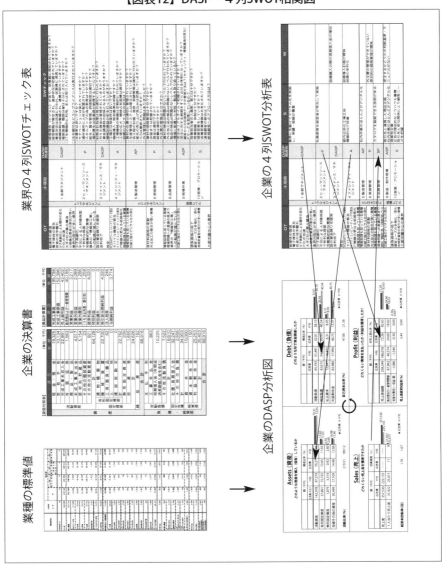

第4節 本書の利用法

1 本書で扱う業種について

　本書第2章では、総務省の発表する「日本標準産業分類」(平成25年10月改定)、平成26年4月1日施行)における大分類Aから大分類Tの20業種のうち13業種を選択し、さらに大分類Ⅰ(卸売業、小売業)を卸売業と小売業に分割して、合計14業種について取り上げる。

　なお、大分類の業種分類には、複数の中分類業種が含まれるため、各節での説明は、当該大分類に含まれる、特定の中分類(もしくは小分類)業種にフォーカスして事例解説等を行っている。

2 第2章の各節の構成について

　本書第2章は、前述のとおり各大分類に節分けをしているが、その節内は、基本的には以下の5つのパートから構成されている。

① 業種俯瞰

　ここでは当該大分類業種を俯瞰して、マクロ分析を行っている。また、当該業種の特徴的な事項について解説するとともに、「押さえておきたいポイント」を列記している。

　企業を細かく分析していく前に、その企業のおかれている業種の特性や状況について把握しておくことが重要になる。またこれらは、4列SWOT分析

における外部環境（OT・機会と脅威）である。

② DASP解説（定量分析）

ここでは、前述のDASP分析を行っている。焦点をあてた特定の中分類（もしくは小分類）業種の数値平均を、全業種の数値平均と比較している。

分析を行うための標準値として、中小企業庁2016年3月29日公表「平成27年中小企業実態基本調査（平成26年度決算実績）速報」(以下「実態調査」と記載)の結果を加工した数値を使用している（本書第3章第2節に掲載）。

目利き力の要素である、「企業の数字的な概略をつかむこと」を目的としている。

③ 4列SWOT解説（定性分析）

ここでは、前述の4列SWOT分析を行っている。焦点をあてた特定の中分類（もしくは小分類）業種のマネジメントレベルと業務から切り出した「小項目」ごとに、ＯＴ（機会と脅威）を記述するとともに、中小企業の経営者や従業員などへのヒアリング内容の一例として、「ＳＷ（強みと弱み）チェック欄」をつけてあるため、実務などでご活用いただけると思う。

目利き力の要素である、「企業の数字の裏にある（数字では分からない）要因をつかむこと」を目的としている。

④ 事例説明

焦点をあてた特定の中分類（もしくは小分類）業種のケーススタディとして、決算書と状況説明文を記載しているので、当該ケース企業が定量的にどのようなポジションにあるか、また定性的にどのようなことがいえるのかを、考えながら読み進めていただきたい。

⑤ 事例解説

ここではDASP分析図（業界標準値－当該ケース企業比較）と当該ケース企業の4列SWOT分析表を掲載し、DASP－4列SWOT分析を行った結果をもとに解説を行っている。

このように、実務上の流れに即して、大分類業種を大きく俯瞰してから、個別企業分析を行うという節内の構成をとっている。

　しかし、本書で標準値として使用している実態調査は、日本標準産業分類のすべての産業大分類および産業中分類についてのデータを発表していない。これは、実態調査がもともと第1次産業を除いた工業・商業の調査から始まり、その後サービス業の調査も加えたという経緯に起因している（中小企業庁・事業環境部・企画課・調査室回答）。

　そのため、本書で取りあげている14業種のうち、3業種（「農業、林業」、「漁業」、「医療・福祉業」）については実態調査では比較する標準値がないため、DASP分析を省略し4列SWOT分析のみを行っている。

第2章
業種別分析

第1節　農業、林業

1　業種俯瞰（農業）

① 分　　類

　日本標準産業分類における農業には、耕種農業、畜産農業（養きん、養ほう、養蚕を含む）及び農業に直接関係するサービス業務を行う事業所が分類される。請負で築庭、庭園樹の植樹、庭園・花壇の手入れなどを行う事業所も本分類に含まれる。

　ほかから購入した原材料を使用して製造・加工を行っている場合は農業とはならないが、自家栽培した原材料を使用している場合は農業となる。

② 特　　徴

　農業の特徴は、以下のとおりである。

- ▶農業総生産は減少傾向にあり、この背景には農業の労働力減少と労働者の高齢化、後継者不在の問題が存在していると考えられている。
- ▶家族経営は減少し、組織経営が増加している。とりわけ法人経営の形態が急激に増加している。また、組織に雇用される就農の形態が急激に増加している。
- ▶近年は農業への就業を促す施策や農業法人による新規参入者なども見られるが、活発化していないのが現状である。
- ▶米作農業では、消費者の安全・安心志向が高まり、産地銘柄米、有機栽培米、減農薬・減化学肥料栽培米などの差別化が求められている。

▶政策により、主食用米の作付面積については、主食用米から飼料用米、麦、大豆等への転換が進んでいる。
▶野菜の生産量は減少傾向であるが、輸入量は年々増加しており、加工・業務用需要に占める割合が特に高まっている。野菜の家庭用消費が大きく減少しているのに対し、外食産業などの加工・業務用需要は増加している。
▶果樹の生産量は近年微増であるが、果樹面積は減少を続けており、菓子類などの食品との競合による消費量の減退、生鮮果実、果汁などの加工品の輸入増加が原因と考えられる。
▶畜産農業では、主要畜種の飼養戸数は担い手の高齢化や後継者不足に伴う離農の増加等により減少する一方で、1戸当たりの飼養頭羽数は増加している。
▶乳製品の消費は、消費者の健康志向の高まりにより、特に乳飲料および発酵乳の消費が好調に推移しているが、飲用牛乳は微減の傾向にあり、牛乳の消費全体としては伸び悩んでいる。
▶TPPにより、輸入品の流通を見据えた競争力強化に迫られている。

ここでは「農業法人」を分析する(「3　4列SWOT解説(定性分析)以下参照)。

押さえておきたいポイント

☛農業総生産は減少傾向

☛高齢化・後継者不在

☛農業法人による新規参入

☛TPP対策の必要性に迫られている

2　業種俯瞰（林業）

①　分　類

　日本標準産業分類における林業には、山林用苗木の育成・植栽、林木の保育・保護、林木からの素材生産、薪および木炭の製造、樹脂、樹皮、その他の林産物の採集および林業に直接関係するサービス業務ならびに野生動物の狩猟などを行う事業所が分類される。昆虫類、へびなどの採捕を行う事業所も本分類に含まれる。

　ほかから購入した原材料を使用して製造・加工を行っている場合は林業とはならないが、自家栽培した原材料を使用している場合は林業となる。

②　特　徴

　林業の業種別特徴は、以下のとおりである。

▶林業の市場規模は、農林水産省のまとめた2015年農林業センサスによると、林業経営体数は8万284人と急速に減少している。また、平成26年生産林業所得統計報告書によると、林業産出額は4,515億円である。

▶林業産出額のうち、木材生産と栽培きのこ類生産でほぼ半々の割合である。

▶農林水産省によると、保有山林面積が1ha以上10ha未満の林家が約90%であるが、これらの林家が保有する山林面積は全体の約40%を占めるにすぎず、残りの約60%は、数では10%強しかない保有山林面積10ha以上の林家によって保有されている。

▶2015年度の1経営体当たりの年間林業所得は11万円と経営効率が悪い。

▶私有林における森林施業は、主に林家、森林組合、民間事業体によって行われており、森林組合と民間事業体は、森林所有者等からの受託または立木買いによって、造林や伐採などの作業を行っている。

▶多くの事業者は、製造業やサービス業などの副業として林業経営を行っている。
▶林業主体の経営には、大面積の山林の保有が前提となることから、新規参入が困難な業種である。
▶概して、投下した資本の回収に長期間を要する業種である。特に、苗木を植え長い年月をかけて林木を育てる「育林業」の場合は、40～50年を要する。
▶木材の主な用途は、住宅建設の製材・合板、紙類生産のためのパルプ・チップである。特に住宅建設向けは需要の約60％を占めるため、木材需要は住宅着工戸数などの動向に大きく左右される。
▶輸入材は、新興国の需要、輸出国の政策や為替などの影響により価格が上下する。近年では新興国の需要増で価格が上昇の傾向にあり、また、リーマンショックで大きく下落した後、再度上昇傾向にある。
▶供給については、これまで外国産の木材（外材）に依存する傾向が強まっていたが、2002年の18.2％を底に木材自給率は上昇傾向で推移している。2013年は新設住宅着工戸数の増加を追い風に28.6％であった。
▶技術の進歩により、水分が多く生産効率が悪いとされてきた国産杉も、設備の性能向上により速く乾燥できるようになり、間伐材など細かい丸太も利用できるようになるなど、需要を後押ししている。

農業、林業

押さえておきたいポイント

- 90％が10ha未満の小規模所有者
- 年間林業所得は11万円
- 新規参入が困難な業種
- 投下した資本の回収に長期間を要する

3　4列SWOT解説（定性分析）

4列SWOTチェック表（農業法人）

OT		小項目	DASP関連性	SWチェック
少子高齢化 食品自給率の低下 食の安全性への意識変化 他業種からの参入 組織体経営の流れ TPPへの対応 6次産業化への流れ	トップマネジメントレベル	1 全般マネジメント	DASP	□経営理念（ビジョン）があり、従業員に周知されているか？ □経営戦略が策定され、進捗状況が把握されているか？ □意思決定は迅速に行われ、従業員に浸透しているか？ □組織体制は整備され、連携が取れているか？ □権限委譲、職務分掌は十分にされているか？ □ITを積極的に利用、または取り入れているか？ □法令順守などコンプライアンスは実行されているか？
労働者の高齢化 担い手の不足 技術伝承・人材育成		2 ヒューマンリソース・マネジメント	P	□定着率はよいか？ □モチベーションは保たれているか？ □適材・適所に人材が配置されているか？ □スキルアップのための教育は十分か？ □給与・賞与管理、評価制度は適切か？ □福利厚生は従業員が納得するレベルか？
低金利 事業承継における相続対策 補助金の活用		3 ファイナンス・マネジメント	DASP	□財務会計処理は毎月適切に行われているか？ □月々の資金は管理されているか？ □資金調達時の担保となるものがあるか？ □商品別の損益分析を行っているか？
耕作放棄地の増加 温暖化・異常気象の増加		4 ファシリティ・マネジメント	A	□農地の条件（広さ・立地）は適正か？ □設備・機械・器具の導入・除却計画は立てているか？ □設備・機械・器具の修繕は定期的に行われているか？
流通形態の多様化 IT活用による販売機会の増加 JA以外の販路が拡大 高付加価値のブランド品が台頭	ミドルマネジメントレベル	5 販売管理	SP	□販売見込み・販売計画を立案できているか？ □新たな販売ルートを開拓しているか？ □販売先と契約等による長期的な提携を築けているか？ □販売価格の決定方法は確立されているか？ □宣伝・販売にインターネットを活用しているか？ □産地または農法によるブランドを確立できているか？
製品トレーサビリティの確保 無農薬農法の見直し 生産情報のIT化の発展		6 品質管理	SP	□使用する農薬の種類・頻度・数量の基準をチェックしているか？ □残留農薬の検査を行っているか？ □品質の検査を行っているか？ □有機JAS基準などの外部の監査をクリアしているか？ □製品トレーサビリティの情報を外部に開示しているか？
		7 調達管理	P	□農薬・肥料の調達時に品質基準をチェックしているか？ □複数の調達先から最適な調達先を選択できているか？
新たな生産方法・技術の開発		8 新技術管理	P	□新技術・ニーズなどの情報収集は積極的に行われているか？ □自治体・組合などから技術の伝承を積極的に受けているか？
自然災害発生の増加		9 リスクマネジメント	P	□天候の変化を考慮した栽培計画を立てているか？ □水害などの自然災害対策を実施しているか？ □害虫・害獣対策を実施しているか？
ITによる作業記録の蓄積	現場レベル	10 作業管理	P	□販売計画に基づいた栽培計画が立案できているか？ □作業員の作業計画・指示はできているか？ □作業ごとの標準化はできているか？ □作業員の作業実績をチェックして計画に反映しているか？ □設備・機械のマニュアルは準備されているか？ □作業員への教育は実施しているか？

① トップマネジメントレベル

　個人や家族経営が中心の農業の経営者にとっては、他業種の企業と同じように収益性や生産性をより強く意識した経営ができているかどうかが問われる点となる。

日本は労働人口の減少傾向にあり、就労者の投入が必要な農業の場合、直接生産量に影響することが考えられ、生産性を上げなければ、これまでの生産量を確保できないことになる。また、近年、他業種から農業法人設立などを通じて農業へ参入するケースが増えてきている。さらに、消費者の嗜好やニーズに合わせた売れる農作物を作るためにも、長期的な視点での事業計画を立て、消費者の動向に合わせた変化ができる経営が求められる。

② ミドルマネジメントレベル

　農作物はＪＡを通じての市場へ出回るというルートが多くを占めていたが、食の安全に対する消費者意識の変化や情報技術の発達によって、企業と直接契約して販売するケースやインターネットを使った通信販売など、販売機会が増えた。複数の販売先や直接契約での直販ができれば、安定的な収入にもつながり、農業経営における大きな課題を克服するチャンスである。

　また、消費者の安全性や健康志向などは、製品の品質に対して新たな付加価値が認められるきっかけとなった。有機栽培による野菜や生産者の顔が見える製品を好む消費者が増えてきたため、多少価格が高くても購入する購買層が増え、農業経営者にとって新たなターゲットが増えたことになる。

　価格の変動や収穫量の変動が大きい農業経営にとっては、安定的な販売先、複数の販売チャネルを確保し、顧客に対して付加価値を付けた製品を提供できるかがカギになってくる。

③ 現場レベル

　現場の作業者には、食を作っているという意識と効率的な作業に改善していこうとする姿勢が求められる。また、可能な範囲を機械化・マニュアル化することで、誰でもできる仕組み作りができているかも重要になってくる。

　近年は作業を簡単に記録できるITツールも数多く出始めている。

4　事例説明

◎マーケティング力の不足

　A社は農業生産法人として農業を営んでおり、複数種の穀物、野菜を生産・販売している。何代も続いている地域では有名な農家である。今の経営者のａ氏も大学で農業を学び、卒業後、父親の後を継いでいる。ａ氏は最新の技術導入や作業の効率化を目指して、数年前に代々家族経営で行われてきた農家を事業として法人化した。法人化に伴い従業員も雇い、新たな技術や機械を使って作業の効率化も図れたため、当初は経費の削減効果が見られた。もともと農業の技術を学んでいたａ氏は、最新の技術や栽培方法などの情報収集も可能であったため、積極的に新しい技術や機械を導入してその効果を試し続けた。

　しかし、近年は当初のような大きな効果はみられず、費用対効果を考えれば、利益にするとマイナスであった。さらに、毎期の売上高は不安定に動き、また徐々にではあったが減少し始めて利益も減少している。

　ａ氏は最新の技術や栽培方法などには詳しいが、売上高を増加させるための施策は実施されず、これまでどおりＪＡへの販売が90％以上を占めた。また、ａ氏は決算書の見方もよくわからないため、決算書の数字からどこが悪いのかといった分析もできずにいた。

5 事例解説

4列SWOT分析表（農業法人A社）

OT		小項目	DASP関連性	S	W
少子高齢化 食品自給率の低下 食の安全性への意識変化 他業種からの参入 TPPへの対応 6次産業化への流れ	トップマネジメントレベル	1 全般マネジメント	DASP	後継者がおり、長期的な戦略が立てられる	経営計画などが立案されていない
労働者の高齢化 担い手の不足 技術伝承・人材育成		2 ヒューマンリソース・マネジメント	P	従業員教育を定期的に実施している	
低金利 事業承継における相続対策 補助金の活用		3 ファイナンス・マネジメント	DASP		資金計画が作成されず、借入・返済が場当たり的 決算書の分析・評価・翌期へのフィードバックがされていない
耕作放棄地の増加 温暖化・異常気象の増加		4 ファシリティ・マネジメント	A		機械・設備の購入が計画的に行われていない
流通形態の多様化 IT活用による販売機会の増加 JA以外の販路が拡大 高付加価値ブランド品が台頭	ミドルマネジメントレベル	5 販売管理	SP		JA以外の販売先がほとんど確保できていない
製品トレーサビリティの確保 無農薬農法の見直し 生産情報のIT化の発展		6 品質管理	SP		製品のトレーサビリティが確保されていない
		7 調達管理	P	複数の調達先があり、つながりが強い	
新たな生産方法・技術の開発		8 新技術管理	P	新技術を積極的に取り入れている	
自然災害発生の増加		9 リスクマネジメント	P	自然災害に対応できるよう栽培計画を立てている	
ITによる作業記録の蓄積	現場レベル	10 作業管理	P	栽培計画が立案され定期的実績をチェックしている 作業が標準化されている 機械を使って自動化・効率化が図れている	

◎販売先の拡大がポイント

A社の強みは、経営者であるa氏が積極的に新しい技術や栽培方法を採用し、効率的な生産を可能にしている点があげられる。逆に、弱みはJAへの販売が集中している点であり、同じ地域のほかの農家では、直売所での直販や、地元の飲食店、大手の外食チェーン店との直接契約により販売先の拡大、安定化を図っている。大手企業と提携している他社では、ITを使って製品のトレーサビリティを管理し、生産者の顔が見える安心という付加価値が認められ市場価格よりも高い値段で販売している。

A社では生産性の高い栽培ができているため、販売先を拡大できれば、最新の機械や技術を使って生産量を増加できる余地はある。

第2節 漁業

1 業種俯瞰

① 分　類

　日本標準産業分類における漁業は、海面または内水面において自然繁殖している（まき付、放苗、投石、耕うんなどいわゆる増殖によって繁殖しているものを含む）水産動植物を採捕する漁業と、海面または内水面において人工的施設を施し、水産動植物の養殖を行う事業所およびこれらに直接関係するサービス業務を行う水産養殖業が分類される。

　漁業における事業所の漁業活動は、漁場の位置、漁法、漁獲物の種類によって分類される。また、水産養殖業における事業所の漁業活動は、養殖を行う場所、養殖の方法、養殖の対象によって分類される。

　海や河川・湖沼などで船・網を使って魚介類を収穫する漁業と、魚介類や海藻類を人工的に育てる水産養殖業の2つに大別される。

　漁家で製造活動を行っている場合は、自家取得した原材料を使用して製造・加工を行っている場合は漁業活動となるが、ほかから購入した原材料を使用している場合は漁業活動とはならない。

② 特　徴

　漁業の特徴は、以下のとおりである。

▶通常、漁業を営む際には漁業権、漁業許可等が必要とされ、農林水産大臣や都道府県知事による許認可等が求められる業種である。

▶漁業就業者数は減少し続けており、漁業就業動向調査によると、平成27年11月現在の漁業就業者数は16万6,610人で、そのうち自営漁業就業者は10万520人、雇われ漁業就業者は6万6,100人である。また、漁業経営体数は8万5,210経営体である。
▶漁業経営体のほとんどは、家族労働を主体とし生業的色彩の強い沿岸漁業体である。
▶年齢階層別漁業就業者数のうち、65歳以上が占める割合は36.2%となり高齢化が進んでいるが、近年では、若い漁業者の割合が徐々に増加し、高齢化の進行は鈍化傾向である。
▶日本の漁業生産量は昭和50～60年代をピークに減少傾向にあり、平成26年の漁業生産額は1兆5,037億9,700万円であった。
▶ヨーロッパや中国などを中心に世界的な水産物の需要拡大が続いており、日本国内の生産量減少を背景に増加傾向だった輸入量は減少傾向にある。
▶漁業は他業種に比べて燃料費の割合が高く、原油価格は直接生産コストを左右する。
▶漁業は魚価の変動や漁獲量の変動による影響を受けやすいことから、より安定した経営が求められる。また、原油価格高騰や労働力の減少から、より効率的な経営が求められているといえる。
▶現在では国内生産量の20％前後を養殖魚が占める。
▶食品の安全、健康、本物に対する消費者の意識が高まっており、鮮度の高い水産物を求める傾向はこれまで以上に高まっている。
▶安全性および鮮度の高い水産物の供給に努めるとともに、消費者への適切な情報提供も重要となっており、業界内で行われているトレーサビリティやHACCPといった取組みは、今後においても重要な経営要素となると予想される。
▶日本の水産物消費は、約80％が食用向け、約20％が飼肥料等の非食用向

けとなっており、世界的な動きとは逆に、世帯員一人当たりの食用魚介類の消費量は、食の外部化・個食化の進行や若年層の魚離れを背景に急速に減少している。
▶流通においては、以前の市場を経由する経路に代わり直接取引が増加しており、市場経由でもセリではなく相対で取引するケースが増加している。
▶ネット通販の普及により、消費者への直接販売も増加しており、市場外経路は活性化・多様化している。

ここでは「ウナギ養殖業」を分析する。

押さえておきたいポイント

- ☞漁業を営むには許認可が必要
- ☞就業者数は減少・高齢化、生産量は減少傾向
- ☞原油価格が直接生産コストを左右する
- ☞食品の安全、健康、本物に対する消費者意識の高まり
- ☞市場外流通経路が活性化・多様化

2　4列SWOT解説（定性分析）

4列SWOTチェック表（漁業）

OT		小項目	DASP関連性	SWチェック
少子高齢化 食の安全性への意識変化 水産物消費量の急激な減少 共同化・協業化の流れ	トップマネジメントレベル	1 全般マネジメント	DASP	□経営理念（ビジョン）があり、従業員に周知されているか？ □経営戦略が策定され、進捗状況が把握されているか？ □意思決定は迅速に行われ、従業員に浸透しているか？ □組織体制は整備され、連携が取れているか？ □権限委譲、職務分掌は十分にされているか？ □ITを積極的に利用、または取り入れているか？ □法令順守などコンプライアンスは実行されているか？
労働者の高齢化 担い手の不足 技術伝承・人材育成 女性の地位向上と活躍		2 ヒューマンリソース・マネジメント	P	□定着率はよいか？ □モチベーションは保たれているか？ □適材・適所に人材が配置されているか？ □スキルアップのための教育は十分か？ □給与・賞与管理、評価制度は適切か？ □福利厚生は従業員が納得するレベルか？
低金利		3 ファイナンス・マネジメント	DASP	□財務会計処理は毎月適切に行われているか？ □月々の資金は管理されているか？ □資金調達時の担保となるものがあるか？ □漁船別・商品別の損益分析を行っているか？
燃料高騰 整備更新の停滞		4 ファシリティ・マネジメント	A	□設備・機械の性能は適正か？ □設備・機械・器具の導入・除却計画は立てているか？ □設備・機械・器具の修繕は定期的に行われているか？
取引形態の多様化 IT活用による販売機会の増加 消費者の低価格指向 海外需要の高まり	ミドルマネジメントレベル	5 販売管理	SP	□販売見込み・販売計画を立案できているか？ □新たな販売ルートを開拓しているか？ □販売先と契約等による長期的な提携を築けているか？ □宣伝・販売にインターネットを活用しているか？ □産地ブランドを確立できているか？
製品トレーサビリティの確保		6 物流管理	SP	□品質を維持できる配送ができているか？ □製品のトレーサビリティを確保できているか？ □品質の検査を行っているか？
原油価格高騰		7 生産管理	P	□生産計画を立てて実行後のフィードバックをしているか？ □生産計画に合わせた飼料や種苗の調達ができているか？ □燃料を安定した価格で安定した量を調達できているか？ □歩留り管理・原因分析ができているか？
世界的な気候変動		8 リスクマネジメント	P	□天候の変化を考慮した計画を立てているか？ □自然災害対策を実施しているか？
	現場レベル	9 作業管理	P	□年間の漁業計画が立案できているか？ □漁労計画・指示は的確にできているか？ □作業ごとの標準化はできているか？ □作業員の作業実績をチェックして計画に反映しているか？ □作業員への教育は実施しているか？

① トップマネジメントレベル

　漁獲量の減少、魚価の低迷、燃料価格の高騰、漁船の老朽化、労働力の減少など、漁業経営を取り囲む課題は多数存在している。特に漁業界の高齢化による技術伝承問題は深刻である。行政の就業支援も積極的に活用し、後継者、雇用者の確保に積極的に取り組む必要がある。労働力の確保、収益性の改善を目的とした経営の共同化、協業化も進んでおり、経営の効率化が急務

となっている。

　漁業、養殖は数ヵ月から数年に渡ることもあり、決算期をまたぐ場合があるため、漁の単位や養殖の単位別に原価、利益を把握しておく必要がある。

　また、漁業経営には、漁船や漁具に対する設備投資や定期的なメンテナンスが欠かせず、漁獲量は季節や気候の変動に影響を受けるため、閑散期に備えることも必要であり、財務面でも設備投資のための資金、閑散期を乗り越えるための資金、燃料・飼料購入のための資金など計画的に調達することが求められる。

② ミドルマネジメントレベル

　漁業経営を安定させるためにも、販売ルートの確立も重要である。近年では、流通の発達により市場を経由せずにスーパーや飲食店と直接取引するケースが増えてきている。また、ITを使って産地情報のトレーサビリティを確保したり、流通作業の効率化を図ったりすることが可能となっている。既存販売ルートでは取扱いできない規格外の生産物の販売や加工も生産性向上には不可欠である。

③ 現場レベル

　労働力を必要とする漁業経営にとっては、従業員教育やノウハウ・技術の伝承が重要であり、高齢化が進んでいる就業者から新たな世代への移行をスムーズに行えるかがカギとなる。

3　事例説明

◎ワンマン経営－従業員の高齢化

　B社は、ウナギ養殖業を営んでおり、B社の経営は創業者であり、代表を務めるb氏を中心にb氏一家で経営されている。

　B社は、他社と同様に、ウナギの稚魚であるシラスウナギを仕入れて、ハウス加温式の養殖施設で飼育し、活魚を出荷している。B社は、いくつかの地元の飲食店と契約して、ＪＦや仲買人を通さずに直接出荷している。B社の安定的な収益に寄与しているともいえるが、売上高の割合としては15％程度とそれほど多くを占めているわけではない。売上高の多くはＪＦへの販売が占めている。

　中国産ウナギの安全性に関する問題や、輸出規制などの影響によりウナギの輸入量は減少傾向にあり、国産ウナギの需要が徐々に拡大している。そこで、B社の経営者であるb氏は1年前に最新の設備を導入して、設備を大型化し、今後の事業規模拡大を狙っている。また、飼料や水にも気を使い、より効率よく品質のよい成魚へと成長できるよう飼育方法にも工夫を凝らしている。しかし、原価の多くを占める飼料や種苗の価格は大きく変動するうえ、設備投資による減価償却によって利益を確保することが難しくなっている。

　現場の作業員は経営者の事業規模拡大の方向性に理解を示す者もいるが、大半の者は拡大の方向性に反対している。また、従業員の平均年齢は高く、若い年齢層の人材が新たに入社してこないために、組織は高齢化して今後の事業規模拡大に積極的な動きは少ない。

4　事例解説

4列SWOT分析表（ウナギ養殖業B社）

OT		小項目	DASP関連性	S	W
少子高齢化 食品自給率の低下 食の安全性への意識変化 水産物消費量の急激な減少 共同化・協業化の流れ	トップマネジメントレベル	1 全般マネジメント	DASP		計画的な経営が行われていない ワンマン経営
労働者の高齢化 担い手の不足 技術伝承・人材育成 女性の地位向上と活躍		2 ヒューマンリソース・マネジメント	P	経験豊富な人材が多い	次世代の担い手が不足している
低金利		3 ファイナンス・マネジメント	DASP		予算管理していない 計画的な資金調達ができていない
燃料高騰 整備投資の停滞		4 ファシリティ・マネジメント	A	最新の設備・機械	無計画な設備投資
取引形態の多様化 IT活用による販売機会の増加 消費者の低価格指向 海外需要の高まり	ミドルマネジメントレベル	5 販売管理	SP	直接契約による出荷先がある 商品の品質が良い	出荷先が集中している
製品トレーサビリティの確保		6 物流管理	SP	製品の生産地を表示できている	
原油価格高騰		7 生産管理	SP		生産計画が立てられていない 無計画に調達している 在庫量を管理できていない
世界的な気候変動		8 リスクマネジメント	P		季節変動を考慮できていない
	現場レベル	9 作業管理	P		若い世代の人材不足 経験に頼った俗人的な作業

◎効率化のためにミドル層の成長が必要

　B社はb氏のワンマン経営で、しかも計画的な経営が行われていないことがネックとなり、資金調達－設備投資－予算管理がうまく回っていない状況である。最新の設備や経験豊富な人材を多く有しているにもかかわらず、うまく活かしきれず、結果、設備投資による減価償却費の増加や飼料・種苗の価格高騰による利益低下をもたらしている。

　B社は、一部直接取引している販売先があるものの、ＪＦへの販売が中心である。B社が抱える最新の設備を有効活用するためにも、新たな販売先を確保し売上高を増加させることが必要である。販売量が増えれば新規設備を使って生産量を増やすことができ、総資本回転率の改善を図れる。ただし、生産量を増やせばよいだけではなく、販売量に見合った無駄のない生産をすることが必要である。また、飼料や種苗の価格は激しく変動するため、販売

計画に見合った生産計画を立て、計画的に調達・生産することが必要である。

　ｂ氏の独断によって生産工程に影響が出ないようにするためにも、生産管理ができる人材を確保し、計画的・効率的に実行できる体制を確立することが求められる。

第3節 建設業

1 業種俯瞰

① 分　　類

　日本標準産業分類における建設業には、主として注文または自己建設によって建設工事をする事業者が含まれる。ただし、主として自己建設で維持補修工事を施工する事業所および建設工事の企画、調査、測量、設計、監督等のみを行う事業所は含まれず、学術研究、専門・技術サービス業に分類される。

　土地、建物などの不動産の賃貸業、代理業、仲介業、管理業、建物建売業（自ら労働者を雇用して建物を建設し、それを分譲する事業所を除く）、土地分譲業（自ら労働者を雇用して、土地造成を行い、それを分譲する事業所を除く）は不動産業、物品賃貸業に分類される。

② 特　　徴

　建設業の特徴は、以下のとおりである。

▶住宅からダムまで生産対象は千差万別で、固有の土地に常に一品生産される点が特徴である。
▶建設業には建材業者や設計業者など様々な業種が関連しており、建設業はこれらを取りまとめる統合産業であるといえる。
▶建設・土木業界は、かつては全就業人口の約10％を占める規模を誇ったが、2010年時点では7.5％へ減少した。今なお業界の浮沈が国全体の景

気を左右するほどその影響力は大きい。
▶業界内は、道路舗装、橋梁、トンネル、高層ビル、電気工事、通信工事、空調工事など、得意分野を持つ企業で棲み分けされた状態になっており、なかでも大手ゼネコンが一大勢力を握り、それを準大手、中堅・中小企業、設備メーカーなどが追う形である。
▶建設総合統計によると、市場規模は1991年の86兆3,860億円をピークに減少が続いていたが、2011年を底に回復傾向にあり、平成27年度は51兆1,700億円であった。現在では公共事業に対して民間事業の割合が6ポイントほど多いという割合である。
▶2016年3月末現在の建設業許可業者数は467,635業者で、前年同月比▲5,286業者（▲1.1%）が減少している。建設業許可業者数が最も多かった2000年3月末時点と比較すると、▲133,345業者（▲22.2%）の減少となる。

ここでは「塗装工事業」を分析する。また、「実態調査」においては、"07 職別工事業"の数値を用いた。

押さえておきたいポイント

- 様々な業種を取りまとめる統合産業
- 就業人口の減少
- 業界の浮沈が国全体の景気を左右する
- 建設業者数の減少

2 DASP解説（定量分析）

DASP分析図（全業種－職別工事業）

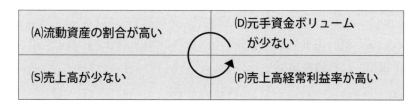

	(A)流動資産の割合が高い	(D)元手資金ボリュームが少ない
	(S)売上高が少ない	(P)売上高経常利益率が高い

Debt　負債

　流動負債、固定負債、払込資本、利益剰余金の金額は全業種より少ない。Debtの合計金額で比べると、全業種が270,154千円、職別工事業が103,382千円と、全業種の半分近くしかない。日本にある約47万社の建設業者のうちゼネコンなど大規模な企業はごく一部で、ほとんどは規模の小さな企業であることの表れであると考えられる。また、自己資本比率は全業種よりも9.28ポイント低くなっている。なかでも利益剰余金の構成比率が11.14ポイ

ント低く、それを流動負債（短期借入金など）で補っている状態が見受けられる。

Assets
資産

　流動資産の構成比率は65.09％と、全業種に比べて10.72ポイント高い。建設業では１件ごとの受注金額が大きいことが多く、未成工事支出金（仕掛品）が膨れ上がりやすいという特徴が要因であると思われる。

　また、職別工事業では、工事に使用する機械・装置・車両・器具・工具など有形固定資産を多く所有していそうであるが、その構成比率は26.47％と6.26ポイント低くなっている。

Sales
売上

　売上高は、全業種の312,089千円に比べ165,055千円と、およそ５割しかない。前述のように、職別工事業者のほとんどが規模の小さな企業であるためであろう。従業員数においても全業種の15人に対し職別工事業は８人と、約５割である。しかし、１人当たり売上高では、若干であるが904千円高くなっており、作業効率などは全業種中で劣っていない。また、総資本回転率では全業種を0.44回上回っており、資産効率はよさそうである。

Profit
利益

　売上高経常利益率は全業種を0.25ポイント上回る3.40％となり、市場が回復傾向にあることがうかがえる。しかし、売上原価額の対売上高比率は、全業種よりも、1.34ポイント上回る76.85％となっており、近年の材料費の上昇や人件費の上昇の影響が反映されていると考えられる。

3　4列SWOT解説（定性分析）

4列SWOTチェック表（職別工事業）

OT		小項目	DASP関連性	SWチェック
公共工事の減少 リフォーム市場の拡大 好調な不動産市場 住宅着工数の回復基調 談合排除の社会的要請 少子高齢化社会	トップマネジメントレベル	1 全般マネジメント	DASP	□経営理念（ビジョン）があり、従業員に周知されているか？ □経営戦略が策定され、進捗状況が把握されているか？ □意思決定は迅速に行われ、従業員に浸透しているか？ □組織体制は整備され、連携が取れているか？ □権限委譲、職務分掌は十分にされているか？ □ITを積極的に利用、または取り入れているか？ □法令順守などコンプライアンスは実行されているか？
技能労働者の不足 業界の就業人口の減少 政府による外国人の受入推進 政府による女性活躍の推進		2 ヒューマンリソース・マネジメント	P	□定着率はよいか？ □モチベーションは保たれているか？ □従業員の平均年齢、世代構成はどうなっているか？ □適材・適所に人材が配置されているか？ □スキルアップのための教育は十分か？ □給与・賞与管理、評価制度は適切か？ □福利厚生は従業員が納得するレベルか？ □後継者・後継者候補は存在するか？
国の資金繰り支援策実施 低価格受注による採算悪化		3 ファイナンス・マネジメント	DASP	□財務会計処理は毎月適切に行われているか？ □月々の資金は管理されているか？ □資金調達時の担保となるものがあるか？ □案件ごとの損益分析を行っているか？ □未成工事支出金・受入金のバランスは悪くないか？ □滞留している完成工事未収入金が膨らんでいないか？
取引先の倒産・廃業の増加 下請け・職人の奪い合い		4 パートナー・マネジメント	SP	□複数の元請先・下請先があるか（依存度のチェック）？ □元請先・下請先との関係は良好か？ □外注先のQCT（品質、原価、時間）の確認。
資材価格の値上り 大手企業の小規模工事への介入 コストダウン要請の強まり	ミドルマネジメントレベル	5 原価管理	P	□工事原価台帳を案件ごとにつけているか（材料費・労務費・経費・外注費）？ □工事原価実績を把握し、見積もりに反映させているか（赤字工事判断）？
環境ビジネスの拡大 安全意識の高まり		6 品質管理・環境管理	P	□ISO9000シリーズを認証取得しているか？ □ISO14000シリーズを認証取得しているか？ □環境に配慮した企業活動をしているか？ □廃材の再利用を行っているか？ □ゼロ・エミッション活動を行っているか？
作業員の高齢化 現場の外国人・女性の増加	現場レベル	7 現場作業	P	□作業員のスキル（各種資格保有など） □現場の技術・ノウハウを継承していますか（継承のための工夫）？ □独自の施工技術・ノウハウはあるか？ □決められたルールにより安全に作業を実施しているか？ □現場作業員と施工責任者とのコミュニケーションは良好か？ □5Sは徹底されているか？
顧客ニーズの多様化		8 営業・プロモーション	S	□営業組織・体制は十分か？ □営業担当者の人数、能力は十分か？ □直接顧客の割合の確認 □営業情報・顧客情報は共有化されているか？ □営業情報・顧客情報はどのように活用されているか？ □既存顧客へのフォロー・アフターサービス喚起の方法は確立しているか？ □新規顧客へのアプローチ方法は適正であるか？

① トップマネジメントレベル

業界全体が縮小するなか、元請先とのつながりやその数が気になるところである。また、業界の就業人口の減少、高齢化が進むなか、作業員・職人の

平均年齢や世代構成、後継者の存在なども確認したい。就業人口減少に対する政府の施策への対応も必要である。長期工事に耐えられる資金繰り、案件ごとの損益管理が行われているか要チェックである。

② ミドルマネジメントレベル

ミドルマネジメントレベルでは、原価管理、品質管理など、円滑に工事を進行させ全体をコントロールする施工管理能力を確認したい。特に工事の進捗管理は、納期・原価（作業員・職人の労務費）など、あらゆるところに影響する。また環境対応についても、単に環境に考慮するだけでなく、廃材利用やゼロ・エミッション活動は原価低減にもつながるため、その取組内容を押さえておきたい。

③ 現場レベル

ここでは、現場での実際の作業と、営業・プロモーション活動について確認している。現場作業のノウハウや手順、ルール化、５Ｓなどの質問を通して、実際の現場の様子をなるべく詳細につかみたい。今後、外国人や女性が増加することが想定され、作業の標準化や効率化の必要性が高まる。また、営業・プロモーションに関しては、下請け案件とは別に、直接顧客をどのように開拓しているのか（または未開拓なのか）も押さえたい。

4 事例説明

決算書(塗装工事業C社)

【貸借対照表】 (単位:千円)

	項目	金額
資産	流動資産	
	現金・預金	19,325
	受取手形	10,134
	完成工事未収入金	22,991
	有価証券	1,563
	商品・製品	0
	未成工事支出金	4,017
	原材料・貯蔵品	5,154
	その他の棚卸資産	23
	その他の流動資産	921
	計	64,128
	固定資産 有形固定資産	
	建物・構築物	0
	機械・装置	22,700
	工具・器具・備品	62
	土地	0
	建設仮勘定	0
	計	22,762
	無形固定資産	209
	投資等	1,655
	計	24,626
	繰延資産	162
	合計	88,916
負債・純資産	流動負債	
	支払手形	0
	工事未払金	863
	短期借入金(年間返済長期借入金を含む)	10,225
	その他流動負債	7,522
	計	18,610
	固定負債	
	社債・長期借入金	32,247
	その他の負債	2,656
	計	34,903
	純資産	
	資本金	10,000
	資本剰余金	150
	利益剰余金	25,253
	計	35,403
	合計	88,916

【損益計算書】 (単位:千円)

項目	金額
完成工事高	195,798
完成工事原価	152,396
売上総利益	43,402
販売費および一般管理費	40,185
営業利益	3,217
営業外収益	2,089
営業外費用	1,286
(うち支払利息・割引料)	1,258
経常利益	4,020
特別利益	0
特別損失	0
税引前当期純利益	4,020
法人税等	246
当期純利益	3,774

◎後継者が不在

　C社は1965年創業の年商2億円、従業員5名の建物の内外装を行う「塗装工事業」である。創業者である先代社長は、塗装工事の請負を主軸に業績を伸ばし、15年前に2代目社長に事業を承継した。2代目社長は、C社に入社する前に大手ゼネコンに勤めていた。その経験を活かし、現在はリフォーム、防水工事、マンション改修工事なども請け負う「総合仕上げ業者」として、トータルな補修工事も手掛けている。

　近年の公共事業の減少、民間工事での受注競争の激化に伴い、完成工事高は減少し、C社の業績は年々減少傾向にある。さらに、高齢化による技能工の不足がこの業界の課題であるが、C社も2代目社長は55歳、従業員も先代の頃から雇用している者が大半で、高齢化が進んでいる。また、2代目社長には子供がおらず、今後の事業継続が課題となっている。

　近年、材料費高騰により資金繰りが厳しくなっている。大手ゼネコンの下請けの工事の場合は長期の手形払いもあり、毎月の材料費・外注費の支払いのために、割引手形、借入金で対応している。こうした背景もあり、中堅の塗装工事業者は、マンション管理組合等の改修市場へ移る傾向があり、C社もマンションの改修・リフォーム工事を請け負うことが多くなってきた。これらの案件では、発注者から直接受ける割合が多くなり、比較的早く工事代金を回収できる。今後も、こういった比較的回収期間が短い工事高を伸ばしていくことがC社の課題である。

　2代目社長は、若い従業員を雇い、後継者として現場での作業やその管理だけでなく、C社の最大の課題でもある営業力もある社員を育てていきたいという想いがある。C社は今期に入り、ホームページを立ち上げ、環境や人にやさしい塗料などを使用している「街のクリーンな塗装屋さん」というイメージを前面に打ち出し、近隣の直接顧客への息の長い対応、近年増加している住宅リフォーム市場の受注を伸ばすべく営業活動を進めている。

5 事例解説

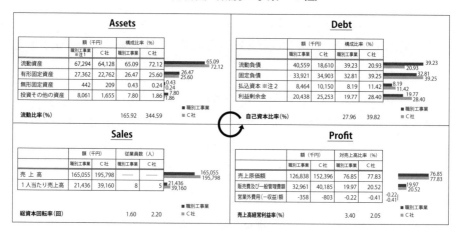

DASP分析図（職別工事業－C社）

4列SWOT分析表（塗装工事業C社）

OT		小項目	DASP関連性	S	W
公共工事の減少 塗装工事業者の許可業者数の増加 リフォーム市場の拡大 好調な不動産市場 住宅着工数の回復基調 談合排除の社会的要請 少子高齢化	トップマネジメントレベル	1 全般マネジメント	DASP	総合工事業者としてトータルな対応が可能 社長の大手ゼネコンでの経験	
技能労働者の不足 業界の就業人口の減少 作業員の高齢化 政府により外国人受入推進 政府により女性活躍推進		2 ヒューマンリソース・マネジメント	P	経営者の将来目標が明確	社員の高齢化 後継者不在
国の資金繰り支援策実施 低価格受注による採算悪化		3 ファイナンス・マネジメント	DASP		完成工事高の減少 厳しい資金繰り 長期の受取手形
取引先の倒産・廃業の増加 下請け・職人の奪い合い	ミドルマネジメントレベル	4 パートナー・マネジメント	SP	2代にわたり培ってきた業者間ネットワーク	
資材価格の値上り 大手企業の小規模工事への介入 コストダウン要請の強まり		5 原価管理	P	直請け工事の増加	材料費の高騰による高い原価率
環境ビジネスの拡大 安全意識の高まり		6 品質管理・環境管理	P	「街のクリーンな塗装屋さん」への取組み	
作業員の高齢化 現場の外国人・女性の増加	現場レベル	7 建設現場	P	総合工事業者としてトータルな工事が可能 設計から施工までをトータルで管理できる 熟練した職人が多い	
顧客ニーズの多様化		8 営業・プロモーション	S	大手建設会社との長年のパイプ イメージ戦略を活用した営業	「営業力」が最大の課題

48

◎将来を担える人材確保と直接顧客獲得がポイント

　C社のDASP分析図と財務諸表を見ると、流動負債が業界標準値と比べて低くなっているが、固定負債が平均より高いことから、長期の借入金などの返済が多く残っていることがうかがえる。さらに、資産は流動資産の割合が高くなっており、流動比率も344.59％と、一見安全性が高いように思われる。しかし、流動資産は完成工事未収入金が大半を占めており、実際は滞留債権となっていないか精査しなければならない。

　一方、有形固定資産の構成比率は、業界標準値より0.87ポイントも低い。この業種の特徴でもあるが、固定資産をほとんど保有する必要がないということがDASP（ダスプ）分析図からもうかがえ、C社も設備を増やさず効率的な経営ができていることがわかる。

　近年、リフォーム市場が拡大し、住宅のストック化が進んでいる。この流れは、塗装工事業には大きなチャンスでもある。C社は、これまで積極的なプロモーション活動を行ってはいなかったが、今期に入り取り組んでいる直接顧客への活動が、今後の売上に結びつくことが期待される。

　また、塗装業者数が増加するなか、C社は総合仕上げ業者として、ほかの塗装工事業者と差別化を図ろうとしている。経常利益率が業界標準値よりも高いとはいえ、工事の内容がそれぞれ異なることにより、外注に頼っていることも多く、その分外注費も多く発生している。さらには、近年の材料費高騰も大きく影響を与えている。注目されている新素材の取扱いなどによる利益率の改善が財務バランスの改善に必要不可欠である。

　C社には現在、社長以外にトータルな技術を持っている者がいないため、将来C社を担えるような人材の育成を計画的に行う必要がある。

第4節　製造業

1　業種俯瞰

① 分　　類

　日本標準産業分類における製造業とは、新たな製品の製造加工を行い、卸売する事業所である。製造した商品をその場所で販売するいわゆる製造小売業は製造業とせず、小売業に分類される。修理を専業としている事業所は製造業とせず、修理業に分類される。また、修理のために同一事業所で補修品を製造している場合も修理業とする。

　ここでは「印刷業」を分析する。
　印刷業とは、顧客の仕様にしたがって印刷物を作成し、納入する受注型製造業である。また、「実態調査」においては、"15　印刷・同関連業"の数値を用いた。

② 特　　徴

　印刷業の特徴は、以下のとおりである。

> ▶印刷業は大手2社の寡占構造ではあるが、一般的には多品種少量生産で労働集約的な性格が強く、中小企業が特化・専門化するのに向いている分野である。
> ▶情報伝達手段が紙媒体から電子媒体へ移行し、印刷業の事業所数、出荷額ともに減少が続いている。

- 印刷物製造工程が多岐にわたり業務の外注が行われることから、売上高に占める外注加工費の割合が高く、業界内取引が多い。
- 発注者との打合せが多いため、発注元に近いところで地域密着型の取引が多くなっている。また、卸売業・小売業・飲食店との取引が多いため、企業が集中する大都市圏型中心の業種となっている。
- 顧客との間に企業秘密保持の要請があり、取引先との関係は継続性が強くなる。
- 発注者ごとに発注内容が異なり、受注後の内容変更の頻度、発注者の出稿形態などが経費に関係するため、受注価格の見積りが非常に難しい。
- 出版印刷・商業印刷・証券印刷・事務用印刷・包装その他特殊印刷・ソフトサービスなど、印刷する対象は幅広い。
- 1990年代に始まったIT革命以降、印刷業は、印刷工程の企画・入稿・デザインから写植・版下作成、製版、刷版工程までデジタル化が進み、それまで蓄積してきたノウハウを不要にした。
- DTPとカラー印刷機の普及により、小ロットの印刷は印刷会社へ依頼せず独自で制作することが可能となった。
- 全国対応、24時間受付などインターネットの利点を活かした印刷通販市場が急激に成長している。

> **押さえておきたいポイント**
> - 紙媒体の衰退と電子媒体の普及
> - 多品種少量生産で労働集約的
> - 受注価格の見積りが難しい
> - 印刷通販市場が急成長

2　DASP解説（定量分析）

DASP分析図（全業種－印刷・同関連業）

Assets

	額（千円）		構成比率（%）	
	全業種	印刷・同関連業	全業種	印刷・同関連業
流動資産	146,877	99,131	54.37	45.89
有形固定資産	88,416	90,762	32.73	42.02
無形固定資産	2,020	2,440	0.75	1.13
投資その他の資産	32,065	22,987	11.87	10.62

流動比率(%)　　163.81　121.64

Debt

	額（千円）		構成比率（%）	
	全業種	印刷・同関連業	全業種	印刷・同関連業
流動負債	89,664	81,493	33.19	37.73
固定負債	79,894	75,956	29.57	35.16
払込資本	17,081	10,317	6.32	4.78
利益剰余金	83,515	48,246	30.91	22.33

自己資本比率(%)　　37.24　27.11

Sales

	額（千円）		従業員数（人）	
	全業種	印刷・同関連業	全業種	印刷・同関連業
売上高	312,089	216,427	—	—
1人当たり売上高	20,532	14,333	15	15

総資本回転率(回)　　1.16　1.00

Profit

	額（千円）		対売上高比率（%）	
	全業種	印刷・同関連業	全業種	印刷・同関連業
売上原価額	235,661	154,698	75.51	71.48
販売費及び一般管理費額	68,250	58,640	21.87	27.09
営業外費用（－収益）額	-1,662	-1,350	-0.53	-0.62

売上高経常利益率(%)　　3.15　2.05

(A)有形固定資産の割合が高い	(D)固定負債の割合が高い
(S)売上高、1人当たりの売上高が低い	(P)売上高経常利益率が低い

Debt　負債

　自己資本比率は全業種と比べて10.13ポイント低くなっている。各項目で見ると、払込資本の構成比率は全業種と比べて1.54ポイント低く、利益剰余金の構成比率も8.58ポイント低くなっており、共に低い状況である。

　また、流動負債、固定負債共に全業種より構成比率は高くなっている。製版機、オフセット印刷機、デジタル印刷機など、高額な機械を必要とするうえ、近年のデジタル化に対応した設備投資が必要なためであると考えられる。

Assets
資　産

　有形固定資産の構成比率が全業種に比べて9.29ポイント高く、高額な設備に投資している様子がうかがえる。デジタル化への対応により設備投資が進み減価償却が進んでいない可能性もある。流動比率が全業種と比べ42.17ポイント低く、安全性の改善が必要である。また、無形固定資産の構成比率が全業種に比べて0.38ポイント高くなっており、情報処理・デザイン加工など、ソフトウェアへの投資も進んでいると考えられる。

Sales
売　上

　売上高は全業種の312,089千円に比べて印刷業は216,427千円と95,662千円低い。大手２社が印刷技術の転用により業態変換により業績が好調である一方、小規模事業者はＤＴＰ化によるデザイン料の下落、印刷通販会社の低価格攻勢などの影響により、受注単価が下落している。加えて、デジタル化の流れで紙媒体の需要が減っていることに市場の縮小、競争激化が売上高に影響を与えている。

Profit
利　益

　売上高経常利益率は2.05％と、全業種と比べて1.1ポイント低い。各項目を見ると、売上原価の対売上高比率が低く、販売費及び一般管理費額の比率が高くなっており、販売費及び一般管理費額の膨らみが利益率を圧迫している。高額な機械の償却負担が重くのしかかり、さらに頻繁な打ち合わせやデザインの変更など労働集約的な業種であるため、単価が下落する今日においては利益率の向上が難しくなっている。単なる紙媒体への印刷から、顧客の業績へ貢献する情報とデザインによる高い付加価値の創出が利益率改善のカギを握っている。

製造業

3　4列SWOT解説（定性分析）

4列SWOTチェック表（印刷・同関連業）

OT		小項目	DASP関連性	SWチェック
紙媒体の衰退と電子媒体の普及 若者の活字離れ 少子高齢化による嗜好の変化 IT化の加速 大手2社の寡占構造 印刷通販市場の成長 小規模企業者の割合が高い 業界内取引が多い	トップマネジメントレベル	1 全般マネジメント	DASP	□経営理念（ビジョン）があり、従業員に周知されているか？ □経営戦略が策定され、進捗状況が把握されているか？ □意思決定は迅速に行われ、従業員に浸透しているか？ □組織体制は整備され、連携が取れているか？ □権委譲、職務分掌は十分にされているか？ □ITを積極的に利用、または取り入れているか？ □市場縮小に対する長期戦略を考えているか？ □法令順守などコンプライアンスは実行されているか？
少子高齢化 労働力の減少 労働集約的な業種 業界の「情報加工業」への転換が進んでいる		2 ヒューマンリソース・マネジメント	P	□定着率はよいか？ □モチベーションは保たれているか？ □適材・適所に人材が配置されているか？ □スキルアップのための教育は十分か？ □給与・賞与管理、評価制度は適切か？ □福利厚生は従業員が納得するレベルか？
国の資金繰り支援策 金利低下		3 ファイナンス・マネジメント	DASP	□財務会計処理は毎月適切に行われているか？ □月々の資金は管理されているか？ □資金調達時の担保となるものがあるか？ □機械別損益分析を行っているか？
デジタルデータの厳密な取扱いの要請 オンデマンド対応のデジタル印刷機のニーズ DTPシステムやストレージのクラウド化 IT機器のさらなる低価格化 立体物対応の印刷機械の普及	ミドルマネジメントレベル	4 ファシリティ・マネジメント	A	□データのセキュリティ対策は進んでいるか？ □機械導入・除却基準は明確か？ □工場機械の修繕は定期的に行われているか？ □印刷機のデジタル化は進んでいるか？ □DTPシステムやデータ保管にクラウドを活用しているか？
情報処理も担っている業種 印刷工程のデジタル化		5 製造管理	AP	□資材の在庫は適切に管理されているか？ □生産管理システムは確立されているか？ □各工程の計画・進捗・実績管理は適切に行われているか？ □過去データから需要予測を立てているか？ □5Sは徹底されているか？ □外注管理に問題はないか？
原材料価格の変動 外注加工の割合が高い業種		6 原価管理	P	□資材の価格管理は十分か？ □歩留まりは把握されているか？ □賃金は適切か？ □経費は適切か？ □外注費の管理は十分か？
情報処理も担っている業種 環境問題への意識の高まり		7 品質管理	P	□印刷物の色合いに問題はないか？ □外注加工品の検品は問題のないレベルで行われているか？ □製品の検品は問題のないレベルで行われているか？ □環境に配慮した材料・製品を取り扱っているか？
印刷工程のデジタル化の深化	現場レベル	8 現場作業	ASP	□受注はリアルタイムで把握されているか？ □受注に対する納期をすぐに出せる体制になっているか？ □顧客からの印刷物データの管理方法は適正であるか？（セキュリティ対策など） □Pマークを取得しているか？
請負価格の低下 顧客ニーズの多様化・深化 地域密着型の取引が多い業種 スマートフォン・タブレットの普及 大都市圏中心の業界		9 営業・プロモーション	S	□営業担当者の人員数、能力は十分か？ □営業組織・体制は十分か？ □提案営業をしているか？ □各種営業情報は共有化されているか？ □直接顧客の割合はどうなっているか？ □新規顧客へのアプローチ方法は適正か？

① トップマネジメントレベル

　昨今、スマートフォン・タブレットの普及、若者の活字離れ、少子高齢化など、情報との接点が多様化していることにより、今後も従来型の印刷専業

に絞って進んでいくのか、デジタルコンテンツなどの新たな分野に取り組んでいくのか、選択を迫られている。今後の方向性を確認したい。

　また、労働集約的な構造になっている印刷業であるが、今後も工程のデジタル化や情報加工業への転換が進むとなると、技術の変化にキャッチアップができる人材、最新技術に精通している人材の確保・育成が望まれる。デジタル化に伴う設備の変化も加速していることから、現在導入されている設備の機能面も確認したい。また、その設備ごとの稼働率や損益の状況も把握しているかも含め確認したい。

② ミドルマネジメントレベル

　材料の約80％〜90％を占めている用紙とインキの在庫・価格管理や、歩留まり・稼働率の向上のための取組みを確認したい。印刷物はデザインからサンプル制作、大量印刷の行程で色合いが変わることがあり、顧客の求める品質を確保するために厳密なチェック体制が構築されていなければならない。また、印刷業者間で各社の得意な工程を相互に外注することも多いため、外注費比率をコントロールし、適正な利益率を確保する必要がある。

③ 現場レベル

　短納期の要請に対応できる工程管理の構築度合いを確認したい。営業との情報共有も納期管理に重要な影響を及ぼす。案件管理から印刷物のデリバリーまで一貫した工程管理で短納期を実現する必要がある。また、受注した制作物のデータを取り扱う関係上、機密保持や情報漏洩対策など、セキュリティ関係の取組みも確認したい。

　営業に関しては、現在の顧客構成（元請先、直接顧客など）の確認や、それぞれへのアプローチの状況を確認するとともに、紙媒体が衰退するなかでどのように新規顧客開拓に取り組んでいるかも押さえておきたい。

4　事例説明

決算書（印刷業D社）

【貸借対照表】　（単位：千円）

		項目	金額
資産	流動資産	現金・預金	59,066
		受取手形	1,264
		売掛金	49,456
		有価証券	1,035
		商品・製品	5,692
		半製品・仕掛品	4,532
		原材料・貯蔵品	452
		その他の棚卸資産	325
		その他の流動資産	1,898
		計	123,720
	固定資産	有形固定資産 建物・構築物	32,698
		機械・装置	16,598
		工具・器具・備品	7,536
		土地	25,669
		建設仮勘定	358
		計	82,859
		無形固定資産	12,987
		投資等	20,669
		計	116,515
		繰延資産	2,265
		合計	242,500
負債・純資産	流動負債	支払手形	976
		買掛金	19,223
		短期借入金（年間返済長期借入金を含む）	30,221
		その他流動負債	24,369
		計	74,789
	固定負債	社債・長期借入金	115,460
		その他の負債	6,234
		計	121,694
	純資産	資本金	20,000
		資本剰余金	7,457
		利益剰余金	18,560
		計	46,017
		合計	242,500

【損益計算書】　（単位：千円）

項目	金額
売上高	375,296
売上原価	305,404
売上総利益	69,892
販売費および一般管理費	57,539
営業利益	12,353
営業外収益	4,362
営業外費用	4,778
（うち支払利息・割引料）	3,094
経常利益	11,937
特別利益	2,090
特別損失	5,217
税引前当期純利益	8,810
法人税等	1,683
当期純利益	7,127

◎企画・制作機能を強化

　D社は、雑誌の広告などを手掛ける製版業者として創業し、今年で創業25周年を迎えた印刷会社である。現在の社長は２代目で、広告制作会社での勤務経験がある。従業員は20名、そのうち７名がパートタイマーである。

　D社は、創業３年後には都内近郊に印刷工業を建設し、通信販売のカタログ等を手掛けはじめた。大手通信販売会社からの受注を柱に事業を拡大していき、全盛期にはその１社からの受注がD社の売上高の８割以上を占めるまでとなったが、その後徐々に縮小し、現在の受注額は約半分にまで落ち込んでいる。

　デジタル技術の進歩でスキルがなくとも製版が可能となり、D社は業界に先駆けて製版のデジタル化を進めた。競争の激しい業界で生き残るためには、顧客ニーズに合わせた、きめ細やかな対応が重要となってくる。たとえば、カタログ等の商業印刷物では品質を重視するが、一方で、チラシなどの販売促進関連の印刷物ではコストと納期を重視する。作り手の論理ではなく、顧客のニーズに素早く対応できる営業体制が必要となる。受注内容によってはデジタル機器の使用はコスト高となってしまう場合もあるので、受注段階で使用するか否かの見極めが非常に重要となってくる。しかし、D社には明確な判断基準はなく、各営業担当者が独断で決定している。

　D社はここ２～３年、印刷の上流工程であるチラシ・POP広告などの企画、デザイン、さらには、広告方法や、店舗の売場レイアウトまでをトータルに提案する機能を強化している。顧客の販売促進会議に参画するなど、積極的な直接顧客への営業を展開している。現在、印刷以外のサービスでの売上高は全体の２割程度である。印刷事業が縮小するなか、当事業を大きな柱とするために、社長自らが社内教育を手掛け、ディレクターとしてのノウハウを身に付けさせている。また、新しい印刷機器の導入を考えているが、採算がとれるかどうかの判断がつかずにいる。

製造業

5 事例解説

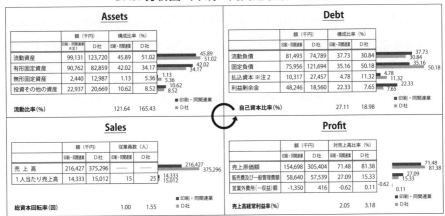

4列SWOT分析表（印刷業D社）

OT		小項目	DASP関連性	S	W
紙媒体の衰退と電子媒体の普及 若者の活字離れ 少子高齢化による嗜好の変化 IT化の加速 大手2社の寡占構造 印刷通販市場の成長 小規模企業者の割合が高い 業界内取引が多い	トップマネジメントレベル	1 全般マネジメント	DASP	業界に先駆けてデジタル化を実施し、実績・経験が豊富	
少子高齢化 労働力の減少 労働集約的な業種		2 ヒューマンリソース・マネジメント	P	社員教育を経営者が率先して実施	
国の資金繰り支援策 金利低下		3 ファイナンス・マネジメント	DASP		設備購入の際の長期借入金の増加
デジタルデータの厳密な取扱いの要請 オンデマンド対応のデジタル印刷機のニーズ DTPシステムやストレージのクラウド化 IT機器のさらなる低価格化 立体物対応の印刷機械の普及		4 ファシリティ・マネジメント	A	都内近郊の工場立地 積極的なIT投資	設備導入計画が曖昧 設備の老朽化
情報処理も担っている業種 印刷工程のデジタル化	ミドルマネジメントレベル	5 製造管理	AP	社内作業のほとんどがデジタル化	
原材料価格の変動 外注加工の割合が高い業種		6 原価管理	P		外注費の管理ができていない 原材料の価格管理が曖昧
情報処理も担っている業種 環境問題への意識の高まり		7 品質管理	SP	カタログを製販できる技術がある	
印刷工程のデジタル化の深化	現場レベル	8 製造・制作現場	ASP	取引先と連携して商品を企画できる 社内作業のほとんどがデジタル化	受注するかどうかの判断基準・マニュアルがない
請負価格の低下 顧客ニーズの多様化・深化 地域密着型の取引が多い業種 スマートフォン・タブレットの普及 大都市圏中心の業界		9 営業・プロモーション	S	提案型営業を進めている 広告代理店的なノウハウも蓄積 取引先と密な関係により顧客ニーズを把握	

◎今後の方向性を定めたうえでの設備投資がポイント

　D社のDASP分析図を見ると、業界標準値と比べて固定負債の構成比率が高いが、有形固定資産の構成比率は低く、その代わりに流動資産と無形固定資産の比率が高くなっており、固定負債が流動資産や無形固定資産に回っている状況がうかがえる。長期借入れなどで調達した資金が、運転資金や社内システム・ソフトウェア等への投資に使われているようである。

　売上高は業界標準値よりも158,869千円高く、従業員数も業界標準値より10人多く、業界内での企業規模の大きさがうかがえる。

　また、売上原価額の構成比率が業界標準値よりも9.9ポイント高く、外注費・原材料価格の管理ができていないことや、受注段階での見積りの甘さがDASP分析図からもうかがえる。しかし、売上高経常利益率は標準値より1.13ポイント高い3.18ポイントとなっており、近年の取組みである企画・制作などの上流工程の強化が功を奏し、付加価値の高いサービスができていると見てとれる。

　一方で、D社は新しい印刷機器の導入をためらっている。業界に先駆けて機器をデジタル化したD社であるが、その老朽化も進んでおり、今後、製版・印刷を続けていくのか、企画・制作などの上流工程へとさらにシフトしていくのかを明確にし、どの分野に投資するのか検討する必要がある。

第5節 情報通信業

1 業種俯瞰

① 分　　類

　日本標準産業分類における情報通信業には、通信業、放送業、情報サービス業、インターネット附随サービス業、映像・音声・文字情報制作業が含まれる。新聞発行や書籍等の出版を行う事業所は情報通信業であるが、新聞や書籍等の印刷およびこれに関連した補助的業務を行う事業所は製造業に分類される。また、情報記録物の原版を制作する事業所は情報通信業であるが、自ら原版の制作を行わず、情報記録物の大量複製のみを行う事業所も製造業に分類される。

　ここでは「ソフトウェア業」を分析する。また、「実態調査」においては、"39　情報サービス業"の数値を用いた。

② 特　　徴

　ソフトウェア業の特徴は、以下のとおりである。

▶日本の情報通信産業は国内生産額の約1割を占めており、全産業のなかでも最大規模であるが、その割合は減少傾向にある。他業種に比べ価格低下の著しい業種である。
▶1960年以降、米国では多くの世界で競争できるITベンダーが生まれたのに対し、日本ではほとんど生まれていない。資金面の課題として、エンジ

ェル投資・ベンチャーキャピタル投資の活性化があげられる。
- ▶米国では、大学等が企業や投資家と連携し人材育成を行い、理工系人材が優れた経営者として活躍している。日本においても技術と経営の両方に通じた人材育成が重要課題である。また、海外人材の受入れも課題である。
- ▶国際特許出願数は、日本は全分野でもICT分野でも1位であり、アメリカがこれに次ぐが、技術開発の水準でいえばアメリカに次ぐ位置づけといえる。
- ▶企業のシステム投資は情報セキュリティ対策などのリスク対策を中心として微増傾向。経営合理化のためのアウトソーシング需要は拡大傾向にある。
- ▶国内の情報セキュリティ関連ソフト市場では、クラウドサービスや在宅勤務が増えることで、利用者を認証・管理する製品の需要が高まると見られている。
- ▶仮想化技術を利用したデータセンターの活用が広がっている。国内の情報通信サービス事業者のほか、海外のコンピュータ系事業者やインターネット系事業者が国内でサービスを提供している。
- ▶国内クラウドサービス市場はパブリッククラウド、プライベートクラウドを合わせて前年度比20%を超える急成長を続けている。
- ▶クラウドサービスの浸透を背景にICTを活用した遠隔地での業務を実現する「テレワーク」に取り組む企業が増加している。

押さえておきたいポイント

- ☞著しい価格低下
- ☞情報セキュリティに関するニーズの高まり
- ☞クラウドサービス市場が急成長
- ☞テレワークなどICT技術が働き方を変える

2 DASP解説（定量分析）

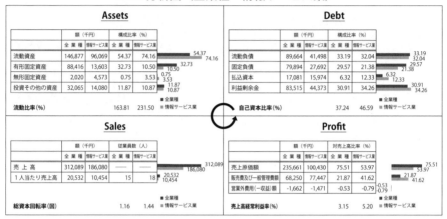

DASP分析図（全業種－情報サービス業）

(A)無形固定資産の割合が高い　　(D)自己資本が厚い

(S)売上高、１人当たり売上高が低い　　(P)販売費及び一般管理費額が多い利益率が高い

負債

　自己資本比率では、全業種と比べて情報サービス業のほうが9.35ポイント高くなっている。情報サービス業は、固定資産の担保となるものが乏しく、業界特有の担保としてプログラム著作権等の知的財産があるものの、知的財産は価値の変動が大きいことから実際の借入れは難しい状況である。このことが自己資本の厚い原因となっていると考えられる。

Assets
資産

　有形固定資産は、全業種より、金額、構成比率ともに情報サービス業のほうが低くなっている。情報サービス業は知識集約型産業であり、パソコン等の比較的少ない設備しか保有していないためである。一方、無形固定資産は金額、構成比率ともに高い。これは、ソフトウェア、プログラム著作権等の無形資産を多く保有しているためである。また、流動資産の構成比率は全業種より19.79ポイント高く、この流動資産の多くは売掛金である。情報サービス業のうち、ソフトウェア業の平均的な売掛債権回収期間は2～3ヵ月であるが、1案件の金額は高額の場合が多いため、売掛金が多くなっている。

Sales
売上

　ソフトウェア業は、他業種に比べ価格低下の著しい業種であり、受注時の見積りも非常に難しい。そのためか、売上高、1人当たり売上高ともに情報通信業のほうが低くなっている。

　ソフトウェア業の場合、製造業や小売業の様に、"在庫（A）を売って売上（S）にする"という流れは少なく、"設備・備品（A）を使ってソフト開発を行い売上（S）にする"という流れが主になっている。

Profit
利益

　売上原価は、全業種より、金額、対売上高比率ともに情報サービス業のほうが低い。一方、販売費及び一般管理費は金額、対売上高比率ともに情報サービス業のほうが高くなっている。これは、開発プロジェクトを管理するための費用（プロジェクトマネージャーの人件費など）がかかってくるためである。売上高経常利益率は全業種より2.05ポイント高く、儲かる業種といえる。資金の流れとしては、"少ない売上（S）で高い利益（P）"となっている。

3　4列SWOT解説（定性分析）

4列SWOTチェック表（情報サービス業）

OT		小項目	DASP関連性	SWチェック
インターネットの普及 ブロードバンドの普及 クラウドサービスの普及 法制度改訂によるシステム変更 新規参入による競争激化	トップマネジメントレベル	1 全般マネジメント	DASP	明確な経営戦略は策定されているか？ 組織体制は整備されているか？ 顧客ターゲットは明確に絞られているか？ 権限委譲・職務分掌は十分にされているか？ 法制度の変化はキャッチアップされているか？
少子高齢化 オフショア開発の進展 慢性的な人手不足		2 ヒューマンリソース・マネジメント	P	モチベーションは保たれているか？ 定着率はよいか？ スキルアップのための教育は十分か？ 適材・適所に人材が配置されているか？ コミュニケーションのしくみは回っているか？ 給料・賞与管理、評価制度は適切か？ 福利厚生は社員が納得するレベルか？
国の資金繰り支援策 金利低下		3 ファイナンス・マネジメント	DASP	プロジェクト別損益分析を行っているか？ 財務会計処理は毎月適切にされているか？ 月々の資金は管理されているか？ 資金調達策の担保となるものがあるか？
下請け構造の重層化 オフショア開発 クラウドソーシングの普及	ミドルマネジメントレベル（プロジェクトマネージャ）	4 パートナー・マネジメント	P	元請先・下請先は複数あるか？ 元請先との関係は強いか？ 下請先との関係は強いか？
IT投資削減の動き 高まる情報漏えい対策ニーズ		5 プロジェクト進捗管理	SP	経験豊かなプロジェクトマネージャがいるか？ プロジェクトを各フェーズ毎に区切って管理しているか？ 開発が中断しているプロジェクトはあるか？
テレワークの普及 技術進歩が速い		6 技術者管理	P	現場での技術者評価は適切か？ 下請先技術者の管理ができているか？
		7 品質管理	A	契約時に品質レベルについて合意されているか？ 知的財産権の管理は十分か？
ソフトウェア価格の低下 新興国での賃金上昇		8 価格管理	SP	受注時の見積もり精度は高いか？ オフショア開発をしているか？ 不採算プロジェクトはあるか？
技術進歩が早い	環境レベル（技術）	9 技術者スキル	SP	新技術のキャッチアップはできているか？
慢性的な人手不足		10 技術者人員数	S	開発案件ごとに必要な人員を確保できているか？
ユーザーサポートの有料化の動き		11 保守・運用サービス	S	開発案件から保守契約に繋げられているか？ ユーザーサポート体制はとれているか？
一般的なシステムは普及済 経営課題の複雑化	環境レベル（営業）	12 プロモーション	S	営業要員の技術知識は十分か？ 顧客の業界情報を収集する仕組みはあるか？ 顧客ニーズ収集しデータとして蓄積しているか？ 顧客ニーズを開発に反映しているか？

① トップマネジメントレベル

　ソフトウェア業は、インターネット・ブロードバンドの普及により成長を続けてきたが、初期投資が少なく参入障壁が低いことから競争が激化している。この業界では経営資源のなかで一番重要なのが人材であり、慢性的な人材不足の状況でどれだけスキルの高い人材を確保できるかがカギとなる。また、人材の定着率が低い業界でもある。近年では、フリーまたは低価格なクラウドサービスや、プログラミングを不要とする情報システムが普及してお

り、開発会社もこれらのシステムを活用したコンパクトな案件の数をこなす構造へシフトしつつある。

② ミドルマネジメントレベル(プロジェクトマネージャー)

ソフトウェア業でカギとなるのはこのマネジメントレベルで、プロジェクトマネージャの腕前で会社の業績が決まるともいえる。受注時に工数を的確に見積り、プロジェクトの進捗管理、技術者の管理、品質の管理などを的確に行える人材が必要である。見積りを誤り不採算プロジェクトになるといったことや、開発が中断してしまうことも珍しくない業種である。過去の開発事例や他社のパッケージシステム、クラウドサービスの活用などにより、すべてを自社のリソースで賄うことよりも、使えるものを使い顧客のニーズを早く、安全に満たすことが求められている。

③現場レベル（技術者）

技術進歩は日々進んでおり、技術者が常に最新技術のキャッチアップを行っていく必要がある。また、慢性的な技術者不足のなか、下請けも含め開発に必要な人員を揃えられる体制を築いていることも重要であると考えられる。また、開発案件が減少するなか、ソフトウェアの活用や保守などのアフターサービスの重要性は高まっており、これらのサービススキルも確認したい。

④ 現場レベル（営業）

営業担当者が十分な技術知識を持ち、顧客が納得する提案をできているか、顧客と技術者の橋渡し役として顧客ニーズを開発に反映させているかがポイントとなる。単純な作業の多くはすでにシステム化されており、新しい技術や法制度改訂への対応など、新たな課題の発見と解決策の提示が顧客に求められている。

4　事例説明

決算書（ソフトウェア業E社）

【貸借対照表】（単位：千円）

	項目	金額
資産		
流動資産	現金・預金	62,626
	受取手形	0
	売掛金	59,561
	有価証券	0
	商品・製品	0
	半製品・仕掛品	46,246
	原材料・貯蔵品	0
	その他の棚卸資産	0
	その他の流動資産	604
	計	169,037
固定資産 有形固定資産	建物・構築物	3,187
	機械・装置	3,933
	工具・器具・備品	0
	土地	7,515
	建設仮勘定	0
	計	14,635
	無形固定資産	6,076
	投資等	16,338
	計	37,049
	繰延資産	0
	合計	206,086
負債・純資産		
流動負債	支払手形	0
	買掛金	45,616
	短期借入金（年間返済長期借入金を含む）	41,100
	その他流動負債	13,715
	計	100,431
固定負債	社債・長期借入金	19,140
	その他の負債	6,076
	計	25,216
純資産	資本金	57,000
	資本剰余金	0
	利益剰余金	23,439
	計	80,439
	合計	206,086

【損益計算書】（単位：千円）

項目	金額
売上高	350,104
売上原価	161,468
（うち外注加工費）	99,807
売上総利益	188,636
販売費および一般管理費	182,407
（うち人件費）	107,421
（うち賃借料）	26,201
営業利益	6,229
営業外収益	975
営業外費用	3,239
経常利益	3,965
特別利益	0
特別損失	1,675
税引前当期純利益	2,290
法人税等	971
当期純利益	1,319

◎組織体制の整備が課題

　E社は2000年に創業した受託開発ソフトウェア企業で、従業員24名、売上高3.5億円ほどである。社長は元々大手ITベンダーの敏腕エンジニアで、その技術力を武器に1人で独立起業した。そのためマネジメントには疎いところがあり、社員は徐々に増えたが組織体制の整備が追い付いていない状況である。特に、人事評価制度については社員からの不満の声が多い。技術者が同程度の仕事を任された場合、スキルの高い者は短時間に仕上げ、低い者は残業を要し、その結果残業代をもらったスキルの低い者の方の給料が多いという矛盾も生じていた。そのようなこともあり、社員の定着率は低い。

　ソフトウェア業界では、受注時の見積りがとても重要であり、見積り精度が悪いと不採算プロジェクトとなることもある。作業量を的確に見極め、開発スケジュール管理を行うプロジェクトマネージャの人材確保にはE社も苦労している。近年、ソフトウェアの実質価格は低下傾向にある。コストの大部分である人件費・外注加工費を抑えなければならない反面、優秀な技術者を確保するためには社員の給料を下げるのは困難な状況のなか、E社は提携している中国のベンダーへ開発の一部を外注することでコスト削減を図っている。しかし、文化の違い、言葉の壁は思ったより高く、品質や納期についての問題も少なくない。しかも中国での人件費も年々増加している。

　この業界は技術の移り変わりが早いため、E社は社員の技術キャッチアップのための教育を十分に行っている。教育費がかさんでいるが、他社との競争に勝つためには削れない費用である。

　E社の顧客からの売上回収期間は2～3ヵ月というところが多いが、大きなプロジェクトの場合にはいくつかの段階ごとの回収となることが多い。また、今期は開発が中断しているプロジェクトも出ている。一方、社員への給料の支払いは1ヵ月ごとになるため、運転資金には余裕が必要である。しかし、E社には担保となるものが少なく、借入れにはいつも苦労している。

情報通信業

5　事例解説

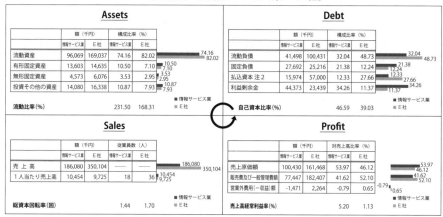

DASP分析図（情報サービス業－E社）

4列SWOT分析表（ソフトウェア業E社）

OT		小項目	DASP関連性	S	W
インターネットの普及 ブロードバンドの普及 クラウドサービスの普及 法制度改訂によるシステム変更 新規参入による競争激化	トップマネジメントレベル	1 全般マネジメント	DASP		組織体制の不備
少子高齢化 オフショア開発 慢性的な人手不足		2 ヒューマンリソース・マネジメント	P		人事評価制度の不備 定着率が悪い 給料体系の不備
国の資金繰り支援策 金利低下		3 ファイナンス・マネジメント	DASP		売上回収と給料支払いサイクルが異なる 担保となるものが少ない
下請け構造の重層化 オフショア開発の進展 クラウドソーシングの普及		4 パートナー・マネジメント	P		
IT投資削減の動き 高まる情報漏洩対策ニーズ	ミドルマネジメントレベル（プロジェクトマネージャ）	5 プロジェクト進捗管理	SP		プロジェクトマネージャ人材確保が困難 外注先の納期問題あり 中断している案件あり
テレワークの普及 技術の進歩が早い		6 技術者管理	P		技術者評価に不満の声 海外外注先との文化の違い、言葉の壁
		7 品質管理	A		外注先の品質問題あり
ソフトウェア価格の低下 新興国での賃金上昇 中国からアジア圏への外注先の移行		8 価格管理	SP	中国のベンダーへ外注	
技術進歩が早い	現場レベル（技術者）	9 技術者スキル	SP	新技術キャッチアップのための十分な教育	
慢性的な人手不足		10 技術者人員数	S		
ユーザーサポート有料化の動き		11 保守・運用サービス	S		
一般的なシステムは普及済 経営課題の複雑化	現場レベル（営業）	12 プロモーション	S		

68

◎優秀なプロジェクトマネージャの確保がポイント

　E社のDASP分析表を見ると、業界標準値と比べ利益剰余金が低く、自己資本比率を下げる要因となっている。流動資産の構成比率は7.86ポイント高くなっている。E社の貸借対照表よりこれらの大半が売掛金であることが分かり、ここでも業界の特徴が表れている。売上高経常利益率は、業界標準値より4.07ポイント低くなっており、あまりよい状態とはいえない。

　前述のように、ソフトウェア業でカギとなるのはプロジェクトマネージャの腕前である。4列SWOT分析表を見ると、"プロジェクト進捗管理"、"技術者管理"、"価格管理"といったプロジェクトマネージャに関する項目は利益（P）にインパクトを与える。E社では、プロジェクトマネージャ人材の確保に苦労しており、それが利益率の低い要因のひとつとなっている。

　また、中断している案件がいくつかあることは、不況という外部要因があるものの、"プロジェクト進捗管理"の甘さも原因であると考えられる。さらに、中国のベンダーへ外注することでコストを下げることには成功しているが、品質管理・技術者管理の面では弊害が生じており、こういった問題もプロジェクトマネージャに重くのしかかっている。E社の場合、優秀なプロジェクトマネージャの確保が最優先課題である。

　E社は、ほかのソフトウェア業者と同じように担保となるものが少なく、借入れに苦労している。4列SWOT分析表で、"ファイナンス・マネジメント"はDASP全般に影響を与える。今後、不採算プロジェクトや開発が中断するプロジェクトが増えた場合、資金繰りが厳しくなることが予測される。

第6節 運輸業、郵便業

1 業種俯瞰

① 分　　類

　日本標準産業分類によるこの大分類には、運輸業として、鉄道、自動車、船舶、航空機またはその他の運送用具による旅客、貨物の運送業、倉庫業、運輸に附帯するサービス業を営む事業所と、郵便業として郵便物または信書便物を送達する事業所が分類される。

② 特　　徴

　運輸業、郵便業の特徴は、以下のとおりである。

▶陸運のなかでも「貨物自動車運送事業」と呼ばれるトラック運送業は平成元年の物流二法（「貨物自動車運送事業法」「貨物利用運送事業法」）制定による規制緩和が始まって以降、免許制から許可制への転換による新規参入の増加や、営業区域規制の撤廃による業者間の競争が激化している。

▶原油高騰による輸送コストや排ガス規制に適合したトラックを持つための経費も必要となり、とりわけ価格転嫁が難しい中小企業にとっては収益環境が一段と厳しくなってきている。そのため、今後はコスト管理をいっそう強化した経営を求められていくことになる。

▶求荷求車の情報をWebでいち早く手に入れるためのネットワークシステム構築が進んでおり、この先も運営の効率化が進んでいく期待が大きい。なかには、物流オークションという新しい試みも各地で発生している。

▶宅配便業では、コンビニエンスストアでの取次、時間帯指定やクール配送、「コレクトサービス」などの代金引換システムやインターネットによる配送状況の検索サービスなど、利便性が大きく高まった。
▶トラック運輸産業には、平成27年3月時点で62,637社・約185万人が従事しており、国内貨物輸送の90％を担っている。しかし、各企業の経営基盤は脆弱であり、99％が中小零細企業で構成されているという現状である。一方、日本国内の物流量は、重厚長大型から軽薄短小型に変化するとともに、ジャストインタイム制（必要なときに必要な量を配送する）の進展、生産拠点の海外進出による国内空洞化など、平成以降のピークだった平成3年度の約72億トンに比べて国内貨物総輸送量は約34％減少している。

ここでは「道路貨物運送業」を分析する。また、「実態調査」においては、"44　道路貨物運送業"の数値を用いた。

押さえておきたいポイント
☞ トラック運送では「コスト管理」・「ネットワークシステム」がカギ
☞ 宅配業者における利便性の高まり
☞ 国内貨物総輸送量の減少

2　DASP解説（定量分析）

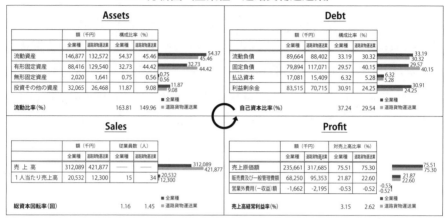

Debt
負債

　固定負債の構成比率は40.15％と、全業種に比べ10.58ポイント高くなっている。道路貨物運送業は、輸送手段としての車両、荷物を仕分する建物や設備、効率を高めるための設備など、多額の設備投資資金が必要な業種であるため、長期借入金への依存度が高くなっていると考えられる。

Assets
資産

　有形固定資産の構成比率は、全業種と比べ11.69ポイント高くなっている。これは、前述したように様々な設備を必要とする業種であることの表れであろう。また、道路貨物運送業は、受発注システム、在庫管理システム、貨物追跡システムなど無形固定資産への投資も大きい場合があるが、全業種の0.75％と比較すると、0.56％とやや低くなっている。

Sales
売上

　売上高は全業種より109,788千円多いが、1人当たり売上高は12,300千円と全業種よりも8,232千円少ない。昨今のトラック運送業界は、規制緩和に伴う業者数の増加で荷主からの値下げ圧力もあり、売上高は増加したものの労働生産性は悪くなっている。

Profit
利益

　売上高経常利益率は全業種よりも0.53ポイント低い。各項目を見ると、売上原価額、販売費及び一般管理費額、営業外費用（－収益）額の構成比率は全業種と比較しても、ほぼ同等の値となっており、1％未満の差しか見られない状況である。運輸業界では、エコドライブ等を徹底することにより燃料消費量そのものを抑えたり、協同組合を通じた共同燃料購入を進めるなど、安価な燃料の確保に努めたりしており、その結果がこの数値であるとすると、過去は売上原価の割合が高かったのかもしれない。

運輸業、郵便業

3 4列SWOT解説（定性分析）

4列SWOTチェック表（道路貨物運送業）

OT		小項目	DASP関連性	SWチェック
規制緩和に伴う業者数の増加 業界全体の貨物量の伸び率低下 営業区域規制の撤廃 運賃・料金の事前届出制の撤廃 Gマークの制度 社会的規制の強化	トップマネジメントレベル	1 全般マネジメント	DASP	□経営理念（ビジョン）があり、従業員に周知されているか？ □経営戦略が策定され、進捗状況が把握されているか？ □意思決定は迅速に行われ、従業員に浸透しているか？ □組織体制は整備され、連携が取れているか？ □権限委譲、職務分掌は十分にされているか？ □ITを積極的に利用、または取り入れているか？ □法令順守などコンプライアンスは実行されているか？
運送業全体で、若者労働者の減少		2 ヒューマンリソース・マネジメント	P	□定着率はよいか？ □モチベーションは保たれているか？ □適材・適所に人材が配置されているか？ □スキルアップのための教育は十分か？ □給与・賞与管理、評価制度は適切か？ □福利厚生は従業員が納得するレベルか？
国の資金繰支援策実施		3 ファイナンス・マネジメント	DASP	□財務会計処理は毎月適切に行われているか？ □月々の資金は管理されているか？ □資金調達時の担保となるものがあるか？ □荷主ごとの損益管理をしているか？
省エネ改正法への対応 排ガス規制強化 ISO14001取得の流れ		4 環境マネジメント		□会社の環境方針は周知されているか？ □環境に配慮した運行をしているか？ □梱包品の再利用はされているか？
多頻度・小口配送の要請 短時間配車の要請	ミドルマネジメントレベル（本部）	5 運行管理	SP	□一定レベルで荷物を壊さず配送できているか？ □短時間で配送できているか？ □工程の標準化、マニュアル化はできているか？ □運行の予定・実績の管理はできているか？ □空車率の低減に努めているか？
燃料価格の高騰 高速道路料金の引下げ 競争激化に伴う運賃低下 荷主からの運賃引下げ圧力 IT化の進展		6 コスト管理	P	□月次で原価管理をしているか？ □顧客ごとの原価管理をしているか？ □運送原価の把握をしているか？ □車両別で損益管理をしているか？
		7 運行システム	A	□求貨求車システムはあるか？ □最適配車システムはあるか？
PM減少装置の装着義務付け		8 主設備管理	A	□車両は品質面（安全性）で優れているか？ □車両のメンテナンスは定期的に行われているか？ □不正な車検を行っていないか？
IT化による効率化追求の進展		9 付帯設備管理	A	□無線やコントロール機器などの設備はあるか？ □トラックターミナルはあるか？ □配送センターはあるか？
飲酒運転取締罰則強化 駐車違反取締強化	現場レベル（運転手）	10 運転手自己管理	SP	□決められたルールを守って運転しているか？ □納期どおりに運行できているか？ □的確な道路を選択して運行しているか？ □健康管理ができているか？

① トップマネジメントレベル

　道路貨物運送業界は、規制緩和の流れを受けて新規参入事業所数がここ数年増加傾向にあり、過当競争が続いている。これに加え、荷主側は物流コストの削減を求めているため運賃の水準は低迷しており、収益の悪化が見込まれる。このような状況のなか、原油高騰による輸送コスト増や排ガス規制強化への対応など、経営の舵取りが難しい局面である。

② ミドルマネジメントレベル(本部)

　本部においては運行全体を管理し、荷主側からの多頻度配送、短時間配車の要請に応えられているかがポイントとなる。そのためには、他社との連携も含めた共同配送や求貨求車システムを構築することが大変重要となる。

③ 現場レベル（運転手）

　近年、飲酒運転取締強化や駐車違反取締強化など、ドライバーに対する環境はより一層厳しくなっており、安全・マナーに対する意識を高く持つことが要求される状況にある。

4　事例説明

決算書（道路貨物運送業F社）

【貸借対照表】 （単位：千円）

区分		項目	金額
資産	流動資産	現金・預金	234,670
		受取手形	32,430
		売掛金	276,900
		有価証券	5,860
		商品・製品	1,730
		半製品・仕掛品	0
		原材料・貯蔵品	0
		その他の棚卸資産	590
		その他の流動資産	90,090
		計	642,270
	固定資産	建物・構築物	232,030
	有形固定資産	車両・運搬具	332,330
		工具・器具・備品	53,300
		土地	342,680
		建設仮勘定	3,790
		計	964,130
		無形固定資産	28,130
		投資等	120,610
		計	1,112,870
		繰延資産	1,660
		合計	1,756,800
負債・資本	流動負債	支払手形	49,090
		買掛金	138,990
		短期借入金（年間返済長期借入金を含む）	185,600
		その他流動負債	161,360
		計	535,040
	固定負債	社債・長期借入金	737,040
		その他の負債	37,130
		計	774,170
	資本	資本金	80,000
		資本準備金	23,620
		利益準備金	343,970
		その他の利益剰余金	0
		計	447,590
		合計	1,756,800

【損益計算書】 （単位：千円）

項目	金額
売上高	2,138,790
売上原価	1,441,960
売上総利益	696,830
販売費および一般管理費	675,420
営業利益	21,410
営業外収益	34,610
営業外費用	27,290
経常利益	28,730
特別利益	9,830
特別損失	18,170
税引前当期純利益	20,390
法人税等	9,450
当期純利益	10,940

◎社長の経営能力に依存

　F社は、1984年創業のトラック40台を保有する近距離トラック運送業を営んでおり、現在の年商は約20億円である。F社は販売店物流を業務の中心に据え、家電製品や日用品を卸売業者から小売店に運んでいる。

　創業時は、トラック数台で大手運送会社の下請けとしてのスタートであったが、1990年には自社の物流センターを立ち上げ、メーカーなどからの商品をいったん自社の物流センターにまとめ、そこから小売店ごとに仕分けし直して1台のトラックに混載して運ぶ共同配送を開始した。その後、事業は順調であったが、得意先の大型ホームセンターが自社で物流センターを設置し共同配送を自ら行うことになるなど、徐々に経営環境も厳しくなっていった。

　そこでF社は、配車担当者を増員し、運行システムを導入した。このシステムにより、トラックを探している荷主と自社のトラックが空となる区間を当てはめるといった求貨と求車をマッチングさせることが可能となり、トラックの稼働率を飛躍的に伸ばすことに成功した。また、社長の人脈も広く、繁忙期には仕事を請け負ってくれる協力業者（個人のトラック運転手）が多数いたので、このシステムによる荷主からの急な要請にも応えることのできる体制を築くことができた。

　このような物流センター立ち上げ、運行システム導入といった時代を上手に読んだ経営の舵取りはすべて社長によるものであり、創業から25年経った現在でも、その社長の片腕となる人材はF社にはいない。近年、運送業者数の増加により、以前にも増して競争の厳しい環境になってきた。現在のF社はというと、共同配送の比率は40％までに低下していて、2ヵ所目の物流センターを5年前に設置したが、稼働状況は当初の予想に反しよくない状態である。また、顧客からの短時間での配送や多頻度小口での配送の要望は以前にも増して強まってきており、システムも大幅に入れ替える時期にきている。

5　事例解説

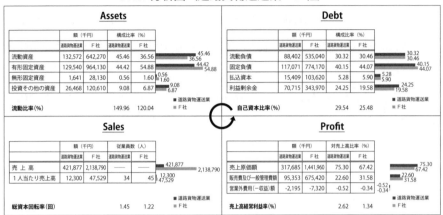

DASP分析図（道路貨物運送業－F社）

4列SWOT分析表（道路貨物運送業F社）

OT		小項目	DASP関連性	S	W
規制緩和にともなう業者数の増加 業界全体の貨物量の伸び率低下 営業区域規制の撤廃 運賃・料金の事前届出制の撤廃 Gマーク制度 社会的規制の規制	トップマネジメントレベル	1 全般マネジメント	DASP	社長に決断力がある 社長に事業の先見性がある 社長の人脈が広い	社長の経営能力に依存している
運送業全体で、若者労働者の減少 国の資金繰り支援策実施		2 ヒューマンリソース・マネジメント	P		社長の片腕となる人材がいない
		3 ファイナンス・マネジメント	DASP	キャッシュに余裕がある	
省エネ改正法への対応 排ガス規制強化 ISO14001取得の流れ		4 環境マネジメント			
多頻度・小口配送の要請 短時間配車の要請	ミドルマネジメントレベル（本部）	5 運行管理	SP	共同配送のノウハウが蓄積されている トラックの利用効率が高い	共同配送の比率が低下している
燃料価格の高騰 高速道路料金の引下げ 競争激化に伴う運賃低下		6 コスト管理	P		
ITの進展化		7 運行システム	A	求貨求車システムがある	運行システムが時代遅れになってきている
PM減少装置の装着義務付け		8 主設備管理	A		
		9 付帯設備管理	A		2ヵ所目の物流センターの稼働率がよくない
飲酒運転取締罰則強化 駐車違反取締強化	運行業	10 運転手自己管理	SP		

◎効率的なシステムの導入ができるかがポイント

　Ｆ社でのDASP分析図をみると、自己資本比率が25.48％と業界標準値よりも4.06ポイント低い。固定負債の構成比率は44.07％と平均よりも3.92ポイント高く、それに伴い、有形固定資産の構成比率も10.46ポイント高くなっている。さらに、無形固定資産の構成比率も平均より高く、物流センター導入時に運行システムを導入しているということが定量分析にも表れている。

　アイデアマン社長の決断力と行動力、事業の先見性が高く評価されるべきポイントで、売上高（Ｓ）の源泉となっているのだろう。ただし、逆に経営者の能力に依存し過ぎた経営は弱みとなってしまうこともあるので、注意が必要である。Ｆ社には、現在も片腕となる人材がいない。企業としての組織整備や人材教育といった面ではＦ社は未熟である。

　今後の課題としては、顧客からの短納期、多頻度小口配送の要望に応えられる体制を築くことである。顧客や卸、小売店と連携し、情報のやりとりを素早くできる仕組みが求められ、システムの果たす役割が増している。

　現在のＦ社の売上高は2,138,790千円で業界標準値の５倍以上あり、１人当り売上高についても47,529千円と業界標準値の3.5倍近い金額になっている。しかし、売上高経常利益率は1.34％と業界標準値より1.28ポイント低くなっている。体制の整備と新たなシステムの導入により作業効率、運行効率を高め、利益率を上げることが望まれる。

第7節　卸売業

1　業種俯瞰

① 分　　類

　日本標準産業分類における卸売業とは、小売業または他の卸売業への商品販売、産業用使用者への多額の商品販売などを取り扱う事業所を指し、業態としては、商事会社、製造問屋、代理商、仲立商などが含まれる。

　製造した商品をその場所で販売するいわゆる製造小売業は製造業とせず、小売業に分類される。また、製造小売業に対して製造卸という言葉が一般に使用されているが、これは製造業者の卸売のことである。

② 特　　徴

　卸売業の特徴は、以下のとおりである。

> ▶卸売業は単に"卸"や、生鮮食品以外の商品では"問屋"ともいわれ、伝統的に、扱う商品の種類ごとに組織されてきた。
> ▶製造業から商品を仕入れ、小売業者に商品を販売する（卸す）ことで、どのような商品が製造されているか、またこれから製造されるのかという情報と、どのような商品が売れているかという情報の双方を知り得る立場にあり、商品の製造から消費に至る流通過程で重要な位置を占めている。
> ▶卸売業には、いわゆる「リテール・サポート」が求められ、小売業者から販売促進についての支援、差別化商品の提供、需給動向に関する情報の提供、今後の製品開発のための情報提供といった役割も担っており、一般的

に商取引集約化・物流機能、金融・危機負担機能、情報・サービス機能、市場開拓機能を有している。
▶主要取引先である中小小売業の減少や、大手小売業がメーカーと流通経路短縮に向けての取組みを強めたことなどを受けて、卸売業のウェイトが相対的に低下しており、単に商品の保管、配送、代金回収機能しかない卸売業では立ち行かなくなりつつあり、業界の再編が進んでいる。
▶一方、「卸売業（商社・問屋）無用論」が提起されてからも、事業所数等では減少傾向にあるものの、製造業、サービス業、不動産業に次ぐ4番目の産業として、また、わが国経済に欠くことができない存在として、有用な付加価値の提供を続けている。
▶こうした機能を強化・補充するためには流通合理化の推進が必要であり、ローコストオペレーションを可能とする物流システムの確立のため、IT投資や物流管理の向上のための投資は不可欠となっている。

ここでは「他に分類されない卸売業」（本節では電子部品）を分析する。また、「実態調査」においては、"55　その他の卸売業"の数値を用いた。

押さえておきたいポイント

- ☛ 物流機能
- ☛ 金融機能
- ☛ 情報サービス機能
- ☛ 市場開拓機能
- ☛ 卸売業の地位低下・業界再編
- ☛ ローコストオペレーションのための投資が不可欠

2　DASP解説（定量分析）

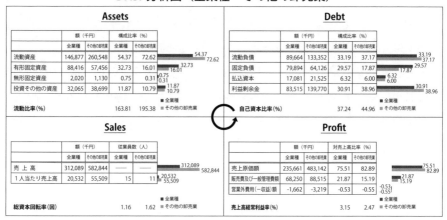

Debt
　　　　　　負　債

　流動負債の構成比率は37.17％と全業種よりも3.98ポイント高い値を示している。理由としては、商品取引において掛取引が主流のため、仕入の際の買掛金、支払手形の額が大きいためと考えられる。

Assets
　　　　　　資　産

　流動資産の構成比率は72.62％と全業種を18.25ポイント上回っている。

仕入と同じく売上の際も掛取引が主流であるため、売掛金、受取手形の額が膨らんでいると考えられる。さらに、小売店側のニーズに応えるべく、取扱商品の品種、品目を増加させなければならず、在庫は増加傾向にあり、流動資産額を押し上げていると思われる。

Sales 売上

　売上高、1人当たり売上高はともに全業種を上回っている。また、総資本回転率も全業種を0.46回多くなっている。卸売業は、ITなどを活用した業務の効率化が発達している業種であることの表れであろう。

Profit 利益

　売上高に対する売上原価率の対売上高比率では82.89％と全業種を7.38ポイント上回り、商品の仕入と販売が主体であることがわかる。また、販売費及び一般管理費額の対売上高比率が15.19％と全業種より6.68ポイント低いことから、効率化によって人件費負担を抑制していると考えられる。

3　4列SWOT解説（定性分析）

4列SWOTチェック表（その他の卸売業）

OT		小項目	DASP関連性	SWチェック
個人消費の冷え込み 卸しの中抜き 異業種の参入 大手小売チェーンの発言力増大 価格競争の激化 小売店の減少 人口減少傾向による消費需要の減退 業界再編の波	トップマネジメントレベル	1 全般マネジメント	DASP	□経営理念（ビジョン）があり、従業員に周知されているか？ □経営戦略が策定され、進捗状況が把握されているか？ □意思決定は迅速に行われ、評価制度に浸透しているか？ □組織体制は整備され、連携が取れているか？ □権限委譲、職務分掌は十分にされているか？ □ITを積極的に利用、または取り入れているか？ □法令順守などコンプライアンスは実行されているか？
定着率の悪化傾向		2 ヒューマンリソース・マネジメント	P	□定着率はよいか？ □モチベーションは保たれているか？ □適材・適所に人材が配置されているか？ □スキルアップのための教育は十分か？ □給与・賞与管理、評価制度は適切か？ □福利厚生は従業員が納得するレベルか？
国の資金繰り支援策実施 情報投資への負担増		3 ファイナンス・マネジメント	DASP	□財務会計処理は毎月適切に行われているか？ □月々の資金は管理されているか？ □メーカーからのリベート、小売店へのリベートは適正か？ □資金調達の担保となるものがあるか？ □顧客ごとの損益分析を行っているか？
納品時の移動コスト増 営業・納品時の時間短縮要請の高まり		4 ファシリティ・マネジメント	A	□高速道路のインターチェンジは近くにあるか？ □主力商品の製造業企業は近くに立地しているか？ □卸売業の集積地は近くにあるか？
商品多様化	ミドルマネジメントレベル（物流）	5 調達	SP	□優良・有望な商品の情報収集力は高いか？ □優良・有望な商品の調達チャネルはあるか？
需要の変動大きい 商品価格の乱高下が激しい		6 商品在庫管理	A	□デッドストックは発生していないか？ □棚卸を定期的に行い、在庫保有量を定量的に把握しているか？ □リベート狙いによる過剰在庫はないか？ □定番商品があるか？ □売れ筋、死に筋商品の適切な対応をとっているか？
商品多様化・ロットアップ速度の加速 IT化の進展		7 商品情報管理	AS	□メーカーからの最新情報を把握しているか？ □小売店からの販売情報、口コミ情報を把握しているか？
		8 IT活用	AS	□業務分析を実施し、それに合ったシステムを構築しているか？ □システム構築・導入の目的は明確か？
多頻度小口配送の要請		9 物流・配送管理	SP	□ローコストオペレーションを実施しているか？ □専門業者を効率的に利用しているか？ □梱包、包装等の効率化を行っているか？ □環境対応、交通、輸送手段の変化への対応はとれているか？
営業コストの増加	現場レベル（営業）	10 営業	S	□営業担当者の人員数、能力は十分か？ □営業組織・体制は十分か？ □業務の効率化、標準化は進んでいるか？
特約店制度の廃止 取引先中小小売店の減少 IT化の進展		11 情報管理	S	□顧客情報をデータベース化し共有しているか？ □メーカーからの最新情報を十分に小売店に流しているか？ □小売店の生の情報を十分に収集しメーカーへ流しているか？
外部機関による債権回収システムの活用		12 債権管理	A	□回収計画が作成され、計画に沿って回収が行われているか？ □回収マニュアルはあるか？ □顧客との契約締結はきちんと行われているか？ □取引先信用状況を正確に把握しているか？

① トップマネジメントレベル

　大手スーパーなどの小売業が自社のプライベートブランド（PB）商品の取扱いを増やしたり、食品メーカーなどとの直接取引を拡大したりと、卸の

中抜きが進み、卸売業の地位が低下している。また、メーカー主導による系列の再編成、大手卸による中小卸の組織化、合併など生き残りをかけた再編が続いている。その他、ITの進化、ネット通販の急成長、電子マネーやICチップの普及など、業界に大きな変化をもたらしている。このような状況のなか、現在の卸売業にはPOSを活用した在庫管理やサプライチェーンマネジメントなど、より高度なロジスティック機能が求められている。

② ミドルマネジメントレベル(物流)

卸売業の役割として、物流以外に小売店とメーカー双方への情報提供がより重要になってきている。また、これらの情報を駆使し、いかに売れる商品を効率よく流すことができるかがポイントである。

③ 現場レベル（営業）

小売店への的確なニーズを捉えた需要を創造するための提案型営業や、小売店側の経営問題を解決する問題解決型営業活動など、いわゆるリテールサポート型販売活動を円滑に行うためには、システム・データベースの駆使や、営業担当者への教育などが十分であるかがポイントになる。

4 事例説明

決算書（他に分類されない卸売業G社）

【貸借対照表】 （単位：千円）

資産		項目	金額
資産	流動資産	現金・預金	434,091
		受取手形	37,066
		売掛金	240,027
		有価証券	0
		商品・製品	71,674
		半製品・仕掛品	0
		原材料・貯蔵品	0
		その他の棚卸資産	0
		その他の流動資産	△1,377
		計	781,481
	固定資産 有形固定資産	建物・構築物	113,759
		車両・運搬具	9,280
		工具・器具・備品	582
		土地	192,633
		建設仮勘定	0
		計	316,254
		無形固定資産	2,756
		投資等	62,638
		計	381,648
		繰延資産	0
		合計	1,163,129
負債・純資産	流動負債	支払手形	130,200
		買掛金	194,442
		短期借入金（年間返済長期借入金を含む）	149,877
		その他流動負債	47,064
		計	521,583
	固定負債	社債・長期借入金	254,381
		その他の負債	5,793
		計	260,174
	純資産	資本金	10,000
		資本剰余金	0
		利益剰余金	371,372
		計	381,372
		合計	1,163,129

【損益計算書】 （単位：千円）

項目	金額
売上高	1,501,799
売上原価	1,115,020
売上総利益	386,779
販売費および一般管理費	260,198
営業利益	126,581
営業外収益	7,788
営業外費用	6,360
経常利益	128,009
特別利益	0
特別損失	237
税引前当期純利益	127,772
法人税等	58,991
当期純利益	68,781

◎技術に疎い営業担当者

　G社は、創業1967年の電子部品の卸売業者である。G社の主要な取扱商品は、半導体、スイッチ、コンデンサであり、これらに関しては中堅メーカーの一次代理店になっている。

　G社は東京都の多摩地区を中心とし営業基盤を持っている。この地区は産学官連携が盛んな地域で、ものづくり企業が多く集積している。また、そのほかに、ホームページ上から直接受注して販売する通信販売も行っている。

　G社では、在庫などの商品情報は、5年ほど前に導入した情報システムによって一元管理されていて、在庫量の適正化や納期の短縮化に成功している。主要な取引先との取引にはEDIを導入しており、また受注状況の確認は、営業担当者が外出先からノートパソコンを使ってアクセスし、リアルタイムで行うことが可能である。

　非常に優れたシステムを有しているG社であるが、営業担当者に関しては約7割が文科系出身で、現在は、営業の場で顧客から技術面の質問、提案が出た場合、技術に疎い営業担当者は、その場で即答することができないといった状況にある。

　G社では、不況の影響で売上がダウンしていた3年前、ホームページ上での通販事業を立ち上げた。最近では毎日数件の注文がきているが、いまだ大半が小口注文で、そのため注文処理にかかるコストを考えれば割の合わない注文も多い。また、急な大口注文が入った場合には、既存顧客に対する在庫計画に影響を及ぼす事態も発生しており、運用方法の適正化が急務となっている。

　配送業務に関しては協力会社への委託しており、顧客ごとに配送頻度の異なる定期便を出しているが、自社で行うほどの臨機応変な対応ができない場合が多く、急な注文時には問題も発生している。そのため、緊急の注文の場合は宅配便を利用するか、営業担当者が直接届けており、配送コストがかさんでいる状況である。

5　事例解説

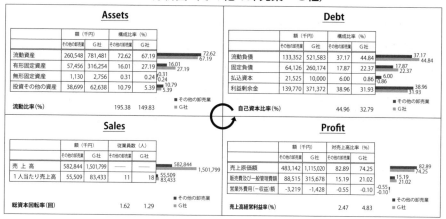

DASP分析図（その他の卸売業－G社）

4列SWOT分析表（他に分類されない卸売業G社）

OT		小項目	DASP関連性	S	W
個人消費の冷え込み 卸しの中抜き 異業種の参入 大手小売チェーンの発言力増大 価格競争の激化 小売店の減少 業界再編の波	トップマネジメントレベル	1 全般マネジメント	DASP		
		2 ヒューマンリソース・マネジメント	P		営業部員の教育が不十分である
国の資金繰り支援策実施 情報投資への負担増		3 ファイナンス・マネジメント	DASP		
		4 ファシリティ・マネジメント	A	製造業が多い地域が営業基盤である	
	ミドルマネジメントレベル（物流）	5 調達	SP		
需要の変動大きい 商品価格の乱高下が激しい		6 商品在庫管理	A	商品情報が一元管理できている 適正な在庫量を確保している	
		7 商品情報管理	AS		
IT化の進展		8 IT活用	AS	主要取引先とEDI取引をしている	
多頻度小口配送の要請		9 物流・配送管理	SP	納期の短縮化に成功している	委託会社は臨機応変に対応できない 緊急の場合の配送コストがかさんでいる
特約店制度の廃止 取引先中小小売店の減少 IT化の進展	現場レベル（営業）	10 営業	S	リアルタイムで在庫を確認できる	割に合わない小口注文に対応してしまう
		11 情報管理	S		
		12 債権管理	A		

◎営業担当者教育がポイント

　G社の場合は、豊富なキャッシュを元に、卸売業のコアコンピタンスのひとつといえる効率的なITシステムへ積極的に投資を行っており、社内体制もある程度構築されている。また、4列SWOTにおいて強みの項目も多く見受けられる。

　G社のDASP分析図を見ると、売上高経常利益率は4.83％とかなりよい数値となっている。しかし、卸売業のなかでも特に電子部品業界は需要の変動幅が大きく、好景気、不景気の波が激しい。また技術革新も日進月歩で価格の変動も大きいため、好調なG社でも受給見通しを誤ると、棚卸資産が一気に暴落する事態になりかねない。

　販管費及び一般管理費額の構成比率は、業界標準値よりも5.83ポイント高くなっている。卸売業では調達〜在庫〜販売〜物流というトータルのシステムの効率性が特に重要なポイントとなっており、G社のホームページ上での割に合わない小口注文への対応や、在庫計画に影響を及ぼす大口注文、緊急時の配送コストは販管費及び一般管理費額に影響を及ぼしていると考えられ、是正の余地がある。また、流通効率化のためにはシステムの継続的な改良が必要である。G社の情報システムは導入から5年ほど経っており、最新のシステムへの更新も課題のひとつである。

　そのほか、顧客からの技術面に対する要望に応えられる営業担当者の人数が少ないことが弱みとなっており、今後は営業担当者への技術面の教育を施してリテールサポート機能を強化し、売上高（P）のさらなる拡大を目指したいところである。

第8節 小売業

1 業種俯瞰

① 分 類

　日本標準産業分類において小売業とは、主に個人用または家庭消費のために商品を販売する事業所、産業用使用者に少量または少額に商品を販売する事業所をいう。製造した商品をその場所で販売する製造小売業（菓子屋、パン屋など）やガソリンスタンドも小売業に分類される。また、商品を販売し、かつ、同種商品の修理を行う事業所も小売業に分類される。行商、旅商、露天商などは一定の事業所を持たないもの、恒久的な事業所を持たないものが多いが、その業務の性格上小売業に分類される。

　具体的には、分野を横断した品揃えを行う業態店（百貨店、総合スーパー、コンビニエンスストアなど）と、主力商品の決まった専門店タイプに分けられる。また、各小売店舗は、フランチャイズチェーンなどの組織の形をとってチャネル管理を行うこともある。

② 特 徴

　小売業の特徴は、以下のとおりである。

▶小売業の事業所数、従業員数は減少の一途をたどっている。
▶消費不況、少子高齢化、所得格差などの影響もあり、今後成長は伸び悩むと見られている。
▶「コンビニエンスストアは、ユニークなコンセプトによる独自性の強い商

品開発がコンビニエンスストアの持つ大きな特徴であるが、季節や流行だけでなく、地域ごとのローカリズムに則った商品も新しい試みが続々と生まれている。駅や空港内、職場や学校、高速道のサービスエリア、パーキングエリアと、消費者のニーズに合わせる形で立地もその範囲を広げている。

▶ホームセンター業界では、市場の飽和を迎え、業容の維持・拡大に向けた合従連衡と組織改編が引き続き加速する見通しである。

▶通販業界は景気低迷に伴い個人消費も低迷している。外出を控えて出費を抑える巣ごもり消費の増加に伴って、インターネット通販が牽引役となった成長が続く見通しである。

▶食品宅配市場が増加しており、共働き世帯の増加に加え、外食を控え家庭で料理をする傾向が強くなっていることも背景にあると考えられている。生協の利用者が増加しているほか、コンビニエンスストアやネットスーパーの宅配が存在感を増している。

ここでは、「婦人服小売業」を分析する。また、「実態調査」においては、"57　織物・衣服・身の回り品小売業"（以下「アパレル小売業」と記載）の数値を用いた。

押さえておきたいポイント

- 事業所数・従業員数は減少の一途
- インターネット通販の牽引役、通販業界の成長
- 食品宅配市場が増加

2　DASP解説（定量分析）

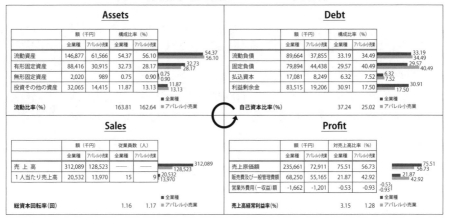

Debt
　　　　　　　　　　　負　債

　アパレル小売業の自己資本比率は25.02％と、全業種の37.24％を12.22ポイント下回っている。これはアパレル小売業が、商品と商品を売る場所さえ確保すればビジネスを始められるという比較的参入障壁が低い業種のために、少ない資本金で起業する個人が多いためであると思われる。各項目を見ると、払込資本の構成比率は全業種とほぼ同等であるが、利益剰余金の構成

比率は全産業よりも13.41ポイント低くなっており、これを流動負債と固定負債で補っている格好である。

Assets
資　産

流動資産の構成比率は全業種より1.73ポイント高くなっている。アパレル小売業は、商品などまとまった棚卸資産を保有している場合が多いにもかかわらず、大きな差が表れていないが、アパレル小売業の販売においては現金もしくはクレジットカードによって即座に、もしくは短期間で回収されることがほとんどで、受取手形や売掛金などの売上債権が少ないためと考えられる。

Sales
売　上

アパレル小売業の売上高は全産業の約41％となっており、また従業員数も約60％程度と、規模の小ささがうかがえる。また、1人当たりの売上高は6,562千円少なく、商品単価がことあるため一概に判断できないが、効率的に業務が行えているかが疑問である。

Profit
利　益

売上高経常利益率は全産業よりも1.87ポイント低い1.28％となっている。各項目を見ると、売上原価額の対売上高比率は18.78ポイント低いが、逆に販売費及び一般管理費額の対売上高比率は21.05ポイント高い。粗利は高く、営業利益は低い構造である。その理由としては、店舗立地として集客力の高い商業施設への出店が求められることによる家賃の高騰や、店舗の陳腐化を防ぎ顧客の維持獲得のために行われる、一定周期での店舗を改装する修繕費、また、接客販売方式では人件費負担が重くなっていることなどが考えられる。

3　4列SWOT解説（定性分析）

4列SWOTチェック表（アパレル小売業）

OT		小項目	DASP関連性	SWチェック
個人消費の冷え込み 国内人口の減少 企業のオーバーストア化 外資の日本進出 少子高齢化による嗜好の変化 小売業の事業所数は減少の一途	トップマネジメントレベル	1 全般マネジメント	DASP	□経営理念（ビジョン）があり、従業員に周知されているか？ □経営戦略が策定され、進捗状況が把握されているか？ □意思決定は迅速に行われ、従業員に浸透しているか？ □組織体制は整備され、連携が取れているか？ □権限委譲、職務分掌は十分にされているか？ □ITを積極的に利用、または取り入れているか？ □法令順守などコンプライアンスは実行されているか？
少子高齢化による労働人口の減少 小売業の従業員数は減少の一途 不況による人材確保面で有利な局面		2 ヒューマンリソース・マネジメント	P	□定着率はよいか？ □モチベーションは保たれているか？ □適材・適所に人材が配置されているか？ □スキルアップのための教育は十分か？ □給与・賞与管理、評価制度は適切か？ □福利厚生は従業員が納得するレベルか？
国の資金繰り支援策実施		3 ファイナンス・マネジメント	DASP	□財務会計処理は毎月適切に行われているか？ □月々の資金は管理されているか？ □資金調達時の担保となるものがあるか？ □店舗別損益分析を行っているか？
駅ナカビジネスの発展		4 ファシリティ・マネジメント	A	□出店・撤退基準は明確か？ □既存店の立地条件はよいか？ □競合店は少なく競争条件は緩いか？ □顧客ターゲットに合った空間環境になっているか？
	ミドルマネジメントレベル（店長）	5 計数管理	SP	□売上・仕入などの予算と実績データを把握し分析しているか？ □アイテム別、仕入先別ごとにデータを把握し分析しているか？
低価格化 ファストファッションの流行		6 品揃え	SP	□顧客ターゲットに適合した品揃えがあるか？ □顧客ターゲットに適合した価格設定になっているか？ □定番商品はあるか？ □競合にはないオリジナル商品があるか？
PC以外のITツール（ハードウェア）の普及 モバイル機器の普及 高齢者のインターネット利用率増加		7 セールス・プロモーション活動	P	□広告の媒体、内容、ターゲット等は適切か？ □ITを活用した店舗情報の発信をしているか？ □店内のスペース・マネジメントは適切か？ □陳列の工夫、POP、店内ポスター等の工夫はできているか？
小売業の従業員数は減少の一途		8 従業員管理	P	□接客技術指導を行っているか？ □客観的な評価制度が整備されているか？ □繁閑に合わせた効率の良いシフト管理ができているか？
シニア市場の拡大 少子高齢化	現場レベル（従業員）	9 顧客管理	S	□顧客情報を収集する工夫・仕組みはあるか？ □顧客情報は整理・共有されているか？ □顧客情報は活用されているか？
ネット通販が牽引する通販市場の拡大		10 売り場管理		□商品の補充はできているか？ □売れ筋を意識したフェイシングになっているか？
顧客ニーズの多様化・深化		11 接客・サービス	S	□接客技術は高いか？ □レジ処理のスピードは速いか？ □クレーム対応はマニュアル化されているか？ □業務の効率化、平準化は進んでいるか？
顧客満足度の低下		12 クレンリネス	S	□店内の掃除は行き届いているか？ □トイレの掃除は行き届いているか？

① トップマネジメントレベル

　小売業を取り巻く環境は個人消費の冷え込み、節約志向と消費不安による買い控えが一層高まるなど厳しさを増しており、インターネットの普及やライフスタイルの変化により、消費者の購買行動も変化が激しい。店舗販売に

おいては、郊外の大型店からより中心街の、駅に近い利便性の高い立地が見直されている。どこで、何を、どのようなコンセプトで売っているのか、といった方向性を確認しておきたい。

② ミドルマネジメントレベル(店長)

特に衣料品販売の場合、色や柄、素材やデザインなど感覚的要素に支配されがちだが、計数管理データを有効に活用し、品揃えに反映させているかを確認したい。セールス・プロモーションに関しても、外への広告・情報発信だけでなく、インストア・マーチャンタイジング（スペース・マネジメント、店内広告など）が有効的に行われているかが気になるところである。従業員に関しても、顧客とのコミュニケーションがよいだけでなく、商品知識の豊富さ、その知識からの提案販売ができているか、また売り逃しのないように繁閑を予測したシフト管理ができているかも気になる。

③ 現場レベル（従業員）

顧客情報の収集～活用までの仕組みがうまく運用されているか、商品の補充など、常にディスプレイが保たれているか、従業員の顧客に対する各種対応、トイレの清潔さなど、実際に店舗で確認できる項目はくまなくチェックしたい。

4　事例説明

決算書（婦人服小売業H社）

【貸借対照表】　　　　　　　　　　　　（単位：千円）

項目		金額
資産	流動資産	
	現金・預金	24,506
	受取手形	0
	売掛金	27,920
	有価証券	2,512
	商品・製品	64,095
	半製品・仕掛品	0
	原材料・貯蔵品	0
	その他の棚卸資産	237
	その他の流動資産	5,756
	計	125,026
	固定資産（有形固定資産）	
	建物・構築物	43,648
	機械・装置	0
	工具・器具・備品	656
	土地	25,174
	建設仮勘定	0
	計	69,478
	無形固定資産	872
	投資等	35,102
	計	105,452
	繰延資産	229
	合計	230,707
負債・純資産	流動負債	
	支払手形	0
	買掛金	53,855
	短期借入金（年間返済長期借入金を含む）	43,181
	その他流動負債	4,072
	計	101,108
	固定負債	
	社債・長期借入金	37,287
	その他の負債	41,652
	計	78,939
	純資産	
	資本金	20,000
	資本剰余金	0
	利益剰余金	30,660
	計	50,660
	合計	230,707

【損益計算書】　　　　　　　　（単位：千円）

項目	金額
売上高	251,369
売上原価	131,386
売上総利益	119,983
販売費および一般管理費	121,915
（うち人件費）	60,822
（うち賃借料）	36,574
営業利益	△1,932
営業外収益	1,388
営業外費用	2,425
経常利益	△2,969
特別利益	0
特別損失	0
税引前当期純利益	△2,969
法人税等	100
当期純利益	△3,069

◎顧客ニーズをとらえきれない

　H社は婦人服店を首都圏のGMS（ゼネラルマーチャンダイズストア、総合スーパーのこと）を中心に、10店舗展開している企業である。創業は1958年で、社長はもともと大手の婦人服店の営業担当をしており、その人脈を使って独立開業した経緯がある。ターゲットとする客層は年配裕福層で、流行を積極的に取り入れた、やや高級感のある商品を独自の基準により選別した専門店である。

　開業当時は、好景気という外部環境にも支えられて、少々値が張るものの商品は順調に売れていた。しかし、H社の現状は、ターゲットとなるマチュア層（40～50歳代女性）とシルバー層（55歳～）の人口は増加傾向にあるものの、ここ数年減収・減益が続いている。

　当初、社長は商品に関することは商品部にすべての権限を委譲していたが、売上低下を食い止めるべく2年前から自ら商品の買付けを行っている。しかし、営業担当出身である社長の商品センスや、あくまで高額商品路線を堅持しているために、消費者ニーズとズレが生じている。

　H社の本部では、今年に入って社長との意見の対立から優秀なバイヤーが退職、ベテラン営業担当が定年退職と相次ぎ、もともとIT化が進んでいない社内では業務ノウハウは属人的であったため、その後の予算計画や販売計画、ディベロッパー対応は場当たり的な対応になってしまっている。

　店舗の状況は、店長と2～3人の店舗スタッフが高級専門店の販売員に相応しい商品に対する知識を持っている。また、コーディネート提案やきめ細やかなサービスにより顧客からの信頼も厚く、優良顧客を囲い込んでいた。しかし、仕事のペースはゆっくりで、残業が慢性的に発生しているようである。また、接客は固定客を優先するあまり新規顧客が獲得できておらず、固定客の高年齢化とともに売上も減少の一途を辿っている。百貨店なども高齢者獲得に乗り出しており、今後はますます厳しい獲得競争が予測される。

5　事例解説

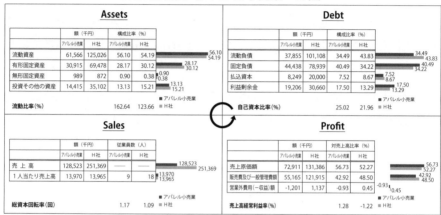

4列SWOT分析表（婦人服小売業H社）

OT		小項目	DASP関連性	S	W
個人消費の冷え込み 国内人口の減少 企業のオーバーストア化 外資の日本進出 少子高齢化による嗜好の変化 小売業の事業所数は減少の一途	トップマネジメントレベル	1 全般マネジメント	DASP	社長が営業担当出身である	消費者の変化に対応できていない IT投資に消極的である 最適な組織体制になっていない
少子高齢化による労働人口の減少 小売業の従業員数は減少の一途 不況による人材確保面で有利な局面 国の資金繰り支援策実施		2 ヒューマンリソース・マネジメント	P		ベテラン営業社員が退職 優秀なバイヤーが退職し不在 属人的な仕事の進め方
		3 ファイナンス・マネジメント	DASP		
駅ナカビジネスの発展		4 ファシリティ・マネジメント	A		家賃が高い 販売チャネルがGMSしかない DPと場当たり的な対応
低価格化 ファストファッションの流行	ミドルマネジメントレベル店舗	5 計数管理	SP		計数より感覚的な対応
		6 品揃え	SP		顧客ニーズとのズレ
PC以外のITツール（ハードウェア）の普及 モバイル機器の普及 高齢者のインターネット利用率増加		7 セールス・プロモーション活動	P		
小売業の従業員数は減少の一途		8 従業員管理	P		残業が常態化
シニア市場の拡大 少子高齢化	現場レベル従業員	9 顧客管理	S	ターゲット層の人口増加 既存顧客（優良顧客）を囲い込んでいる	新規顧客を取り込めていない
ネット通販が牽引する通販市場の拡大		10 売り場管理	S		
顧客ニーズの多様化・深化		11 接客・サービス	S	きめ細かいサービス提供 商品知識が豊富	
		12 クレンリネス	S		

◎顧客が求める商品ラインナップがポイント

　H社では、店舗の出店場所を首都圏のGMSに限定しているようだが、現在のGMS自体の売上低迷があるように、ディベロッパーとしての集客力が衰えており、売上高（S）の減少の直接的な原因と考えられる。今後、もし出店機会があったとしても、既存の販売チャネルだけでは大きな成長は期待できないだろう。

　また、出店契約条件として、GMS側に多額の保証金・敷金が差し入れられ、投資その他資産（A）が膨らんでいないかのチェックも必要である。H社を見ると、投資その他の資産の構成比率は、業界標準値より2.08ポイント高くなっている。ここに問題があると、せっかくのキャッシュが退店時まで滞留してしまいかねないため、営業担当者によるディベロッパー交渉で少しでも条件を緩和させ、手元にキャッシュを戻したいところである。

　流動資産をみると、業界標準値より構成比率が1.91ポイント低くなっている。流動資産（A）中の棚卸資産の水準が高い。外部環境の高額品の低迷、低価格品の支持という流れのなか、顧客が求める商品ニーズとのズレが起こり売上高（S）の低下を招いた結果、不良資産化でキャッシュの目詰まりが起こっている可能性がある。

　販売費及び一般管理費額の構成比率は、業界標準値より5.58ポイント高くなっており、人件費と店舗家賃が大きく占めている。接客サービスについてH社では、競合と比較しても圧倒的な高度な接客スキルとホスピタリティ精神に富んだ従業員がいるようで評価できるが、店舗では残業が慢性的に発生している。また、店舗家賃についても入店時のまま設定されており、売上低迷後も家賃の交渉をしていない。今後、ITへの投資を含めたレジ締め作業、閉店業務の平準化やマニュアル化、ディベロッパーへの賃料値下げ交渉が達成されれば、H社の評価は高くなり、売上高営業利益率（P）の上昇によりキャッシュの増加が期待できる。

小売業

第9節 不動産業、物品賃貸業

1 業種俯瞰

① 分　類

　この分類には、主として不動産の売買、交換、賃借、管理または不動産の売買、賃借、交換の代理もしくは仲介を行う不動産業と、主として産業用機械器具、事務用機械器具、自動車、スポーツ・娯楽用品、映画・演劇用品などの物品を賃貸する物品賃貸業が該当する。

② 特　徴

　不動産業、物品賃貸業の特徴は、以下のとおりである。

▶不動産業の主要な業種には、土地を取得して造成し住宅等を建設して分譲する分譲業、オフィスビルや住宅などの賃貸を行う賃貸業、オフィスや住宅、土地などの売買、賃貸業の代理、仲介などを行う流通業、賃貸ビルや分譲マンションなどの設備の維持管理を行う管理業の4業種がある。

▶不動産業は、全産業の売上高の2.6％、法人数の11.1％（平成26年度）を占める重要な産業のひとつである。

▶平成28年地価公示（28年1月1日時点）の結果によると、全国平均では、住宅地は下落したものの下落率は縮小し、商業地は横ばいから上昇に転換した。三大都市圏平均では、住宅地、商業地とも上昇を継続した。一方、地方圏では住宅地、商業地ともに下落が続いているものの、下落率は縮小している。新規住宅着工戸数は、24年度は89万戸を超え、25年度には98

万戸を超えたものの、26年度は消費税率引上げにともなう駈込み需要の反動減もあって88万戸となった。

▶ リースとは主に企業に対し、必要な機械設備を長期にわたって貸与する取引の契約で、コンピュータ関連機器、通信機器、自動車などが利用物件としては多く見受けられる。あらかじめ保有している物件を不特定多数へ短いサイクルで貸していくのがレンタル業である一方、リース業は自らが購入した特定の商品を特定のユーザーに対して長期間貸すことで利益を生むという性質があり、一般にはファイナンスリースと呼ばれている。

▶ 平成27年度のリース取扱高は、5兆393億円であった。「産業機械」「工作機械」「その他」が対前年度2桁の増加を示したほか、「情報通信機器」「医療機器」が増加を示した。一方、「事務用機器」「土木建設機械」「輸送用機器」「商業用及びサービス業用機器」はそれぞれ減少を示した。

▶ レンタル業界では、建機レンタル、レンタカー、レンタルビデオの3分野が大きな市場を持っており、そのほか、コンピュータ・サーバー、機械、事務用機器レンタルにも大きな需要がある。

ここでは、「不動産賃貸業・管理業」を分析する。また、「実態調査」においては、"69 不動産賃貸業・管理業"の数値を用いた。

押さえておきたいポイント

☛ 地価（公示価格）は三大都市圏で上昇傾向、地方圏で下落傾向にある

☛ リース取扱高は産業機械などは増加、土木建設機械などは減少

2 DASP解説（定量分析）

DASP分析図（全業種－不動産賃貸業・管理業）

Assets

	額（千円）		構成比率（％）	
	全業種	不動産賃貸業・管理業	全業種	不動産賃貸業・管理業
流動資産	146,877	118,660	54.37	23.18
有形固定資産	88,416	256,800	32.73	50.16
無形固定資産	2,020	5,956	0.75	1.16
投資その他の資産	32,065	130,285	11.87	25.42
流動比率（％）			163.81	163.93

Debt

	額（千円）		構成比率（％）	
	全業種	不動産賃貸業・管理業	全業種	不動産賃貸業・管理業
流動負債	89,664	72,383	33.19	14.14
固定負債	79,894	196,941	29.57	38.47
払込資本	17,081	30,719	6.32	6.00
利益剰余金	83,515	211,941	30.91	41.40
自己資本比率（％）			37.24	47.40

Sales

	額（千円）		従業員数（人）	
	全業種	不動産賃貸業・管理業	全業種	不動産賃貸業・管理業
売上高	312,089	80,507	―	―
1人当たり売上高	20,532	18,297	15	4
総資本回転率（回）			1.16	0.16

Profit

	額（千円）		対売上高比率（％）	
	全業種	不動産賃貸業・管理業	全業種	不動産賃貸業・管理業
売上原価額	235,661	23,109	75.51	28.70
販売費管理費額	68,250	45,478	21.87	56.49
営業外費用（－収益）額	-1,662	-443	-0.53	-0.55
売上高経常利益率（％）			3.15	15.36

(A)有形固定資産の割合が高い	(D)固定負債の割合が高い
(S)総資本回転率が低い	(P)売上高経常利益率が高い

Debt
負債

　不動産業の事業者は、資本金1億円未満の小規模企業の割合が圧倒的に多い。金額の高い不動産物件を仕入れるためには、借入金による資金調達が多くなると考えられる。しかし、自己資本比率は47.40％と、全業種の37.24％より10.16ポイント高い結果になっている。これは、利益剰余金の構成比率が高いことが要因となっており、事業で稼いだ利益が積み増されている状況がうかがえる。

Assets
資　産

　分譲用物件や賃貸用物件などを保有する不動産業は、流動資産の金額も有形固定資産の金額も、全業種の金額を大きく上回る額となっている。また、構成比率においては、有形固定資産が50.16％と全業種と比較してかなり高くなっている。

Sales
売　上

　売上高は全業種の約26％であり、1人当たりの売上高はほぼ変わらない。これは、不動産業者は小規模の会社が多く、一事業所当たりの平均従業員数は4人と全業種の平均15人と比べて半数以下の人数であり、分譲マンション等の販売額が高い商品を取り扱っているために、売上高が大きくなりやすいことが要因と考えられる。

Profit
利　益

　不動産業の売上原価額の対売上高比率は28.70％で、全業種の75.51％と比べて46.81ポイントも低い。逆に、販売費及び一般管理費額の割合は、全業種の21.87％と比べ2倍以上になっている。賃貸業と管理業の大きく2つの特性があるため、どこまでを売上原価とし、どこまでを販売費及び一般管理費とするかとういう区別がほかの業種と異なっていることが要因となっている可能性がある。売上高経常利益率は、15.36％と全業種平均を大きく上回っており、結果として収益性の高い業種となっている。

3　4列SWOT解説（定性分析）

4列SWOTチェック表（不動産賃貸業・管理業）

OT		小項目	DASP関連性	SWチェック
震災復興等に起因した増税傾向 破綻企業の続出 不動産市況の悪化 首都圏からの本社機能移転・分散 住宅ローン減税の縮小傾向 首都圏の再開発事業	トップマネジメントレベル	1 全般マネジメント	DASP	□経営理念（ビジョン）があり、従業員に周知されているか？ □経営戦略が策定され、進捗状況が把握されているか？ □意思決定は迅速に行われ、従業員に浸透しているか？ □組織体制は整備され、連携が取れているか？ □権限委譲、職務分掌は十分にされているか？ □ITを積極的に利用、または取り入れているか？ □法令順守などコンプライアンスは実行されているか？
雇用不安		2 ヒューマンリソース・マネジメント	P	□定着率はよいか？ □モチベーションは保たれているか？ □適材・適所に人材が配置されているか？ □スキルアップのための教育は十分か？ □給与・賞与管理、評価制度は適切か？ □福利厚生は従業員が納得するレベルか？
国の資金繰り支援策		3 ファイナンス・マネジメント	DP	□財務会計処理は毎月適切に行われているか？ □月々の資金は管理されているか？ □資金調達用の担保となるものがあるか？ □物件・案件ごとの損益分析を行っているか？
金融環境の悪化 用地取得費用の上昇 資材価格高騰による物件価格引上げ 公示地価の下落 低金利	ミドルマネジメントレベル	4 ファシリティ・マネジメント	ASP	□店舗施設の競争力はあるか？ □店舗のサービス性、環境は十分か？ □賃貸用物件の競争力（賃料・デザイン・立地）はあるか？ □賃貸用物件の採算計画を作成し、見直しているか？ □用地取得にあたって、価格、品質、瑕疵の有無等チェックしているか？ □賃貸用物件のメンテナンスは適切に行われているか？
大型オフィスビルの供給増加 既存オフィスビル空室率の増加 住宅販売に回復の兆し リフォーム市場の拡大 耐震性・防災対策、修繕・補強の増加 環境対応型・防災安全面による付加価値		5 商品管理	AS	□物件情報は適宜、適切に引き出せるよう整理されているか？ □棚卸を定期的に行い、数量・価格を定量的に把握しているか？ □デッドストックは発生していませんか？ □市場ニーズを反映した差別化商品の投入をしているか？ □高品質、優位性のあるデザインか？ □コスト競争力はあるか？ □顧客の価格感度を考慮した価格設定になっているか？
アウトレットマンションの増加 値引き販売の増加 省エネ・安全性など選定基準の多様化 IT化の進展		6 販売管理	S	□優良・有望な販売チャネルを持っているか？ □新規チャネルルート、顧客開拓能力はあるか？ □取引先・顧客との関係は良好か？
		7 広告・PR活動	SP	□媒体・内容・ターゲット等は適切か？ □ITを有効に活用しいているか？ □展示会、イベント、共同販促などを行っているか？ □提供する情報の量、質は十分か？ □経費の把握、効果測定を行っているか？
IT化の進展	現場レベル（営業）	8 営業システム	SP	□営業担当者の人数、能力は十分か？ □営業組織・体制は十分か？ □社内コミュニケーションは取れているか？ □営業担当者の満足度、モラールは高いか？ □客観的な人事制度、評価制度が整備されているか？ □実績データを把握、分析しているか？
IT化の進展		9 営業効率	SP	□業務の効率化、標準化は進んでいるか？ □各種営業情報の共有化がなされているか？ □効率化により経費は削減されているか？ □インターネットの活用による販売ノウハウは十分か？
高齢化社会の到来 住宅ローン審査の厳格化 社宅の減少		10 顧客管理	S	□顧客を満足させる要求納期遵守率を達成しているか？ □顧客要求に合ったサービスを提供しているか？ □クレームの再発防止、改善策を作る仕組みがあるか？ □クレーム情報の蓄積と活用がなされているか？ □アフターサービスの提供は十分か？

① トップマネジメントレベル

　不動産業では、トップとして経営戦略や事業計画を明確にし、市場動向に合わせて競争力のある商品（物件）を提供できるかが重要となる。不動産賃貸物件のデザインや立地条件を考慮しているかなど、「ファシリティ・マネジメント」が重要となる。さらに、物件1件当たりの金額が多額になるため、計画的な資金調達が必要となる。

② ミドルマネジメントレベル

　優良・有望な商品を調達できるか否かのミドルマネジメントレベルの「商品管理」、ITを活用して顧客に情報を提供する「広告・PR活動」を重点的にチェックする必要がある。

　特に、「広告・PR」活動では、ITを活用して多くの物件情報多くの購入希望者へ発信できる仕組みになっているか、また、その企業が作っている不動産広告が少しでも顧客の理解を深めてもうらおうと、様々な面に配慮の行き届いた広告になっているかどうかもポイントである。

③ 現場レベル（営業）

　不動産業の営業担当者は、接客・サービスに対して常に向上心を持ち、活動していることが必要である。

4 事例説明

決算書（不動産賃貸業・管理業Ｉ社）

【貸借対照表】 （単位：千円）

		項目	金額
資産	流動資産	現金・預金	30,716
		受取手形	261
		売掛金	3,791
		有価証券	3,637
		商品・製品	36,800
		半製品・仕掛品	5,283
		原材料・貯蔵品	1,038
		その他の棚卸資産	956
		その他の流動資産	30,914
		計	113,396
	固定資産 有形固定資産	建物・構築物	172,044
		機械・装置	3,523
		工具・器具・備品	9,818
		土地	174,818
		建設仮勘定	3,795
		計	363,998
		無形固定資産	6,155
		投資等	48,028
		計	418,181
	繰延資産		492
	合計		532,069
負債・純資産	流動負債	支払手形	1,074
		買掛金	3,455
		短期借入金（年間返済長期借入金を含む）	84,970
		その他流動負債	35,882
		計	125,381
	固定負債	社債・長期借入金	281,056
		その他の負債	46,085
		計	327,141
	純資産	資本金	15,000
		資本剰余金	7,180
		利益剰余金	57,367
		計	79,547
	合計		532,069

【損益計算書】 （単位：千円）

項目	金額
売上高	139,516
売上原価	60,198
売上総利益	79,318
販売費および一般管理費	63,089
営業利益	16,229
営業外収益	4,525
営業外費用	9,501
（うち支払利息・割引料）	7,880
経常利益	11,253
特別利益	4,167
特別損失	7,846
税引前当期純利益	7,574
法人税等	1,312
当期純利益	6,262

◎家賃低下、空室

　Ｉ社は創業1990年、資本金30百万円、売上高約14百万円、従業員３人の不動産会社で、事業内容は不動産の賃貸・管理業務である。Ｉ社は首都圏ｉ市のｉ駅から徒歩15分圏内にある築５年の８階建てマンション、築10年の４階建てマンション、築20年の２階建てアパートの３物件と自動車20台が収容できる駐車場、さらに東京23区内の地下鉄ｚ駅から徒歩５分ほどの場所に６階建てのオフィステナントビルを保有している。

　Ｉ社は、ｉ駅の賃貸斡旋業や建設業者などの地元企業との交流が深く、顧客紹介や物件の修繕等は地元企業のネットワークを活用しており、ｉ市内の物件の空室率も低く抑えられている。しかし、都内に保有しているオフィスビル物件は近年家賃の下落が続き、空室も目立ちＩ社の売上減少の要因となっている。

　Ｉ社の従業員は親族で構成されており、ｉ市にある事務所を拠点として保有物件の清掃・管理業務や、家賃管理など経理業務を行っている。都内のオフィスビルに関しては、近隣に住む息子夫婦に管理を依頼しているが、事業主自身の訪問は２～３ヵ月に１度程度にとどまり、清掃等は業者に委託している。ｚ駅周辺には土地勘がなく、交流の深い業者もいないため、借主の斡旋は近隣の大手不動産会社に一任している。近年、都内の家賃相場が低下しており、当該物件も築15年を超えているため、家賃の値下げをせざるを得ない状況となっている。１フロアにつき１事業所へ貸しているが、近年の不景気の影響もあり、入居テナントの家賃支払いの遅延や、中層階のフロアの借り手が付きにくい、等の問題を常々抱えている。

　また、建物の老朽化による修繕に加え、東日本震災の影響による修繕費・耐震補強費用が増加しており、借入政策など資金繰りの問題も出ている。

5 事例解説

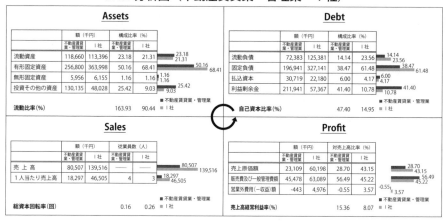

4列SWOT分析表（不動産賃貸業・管理業Ｉ社）

OT		小項目	DASP関連性	S	W
震災復興等に起因した増税傾向 破綻企業の続出 不動産市況の悪化 首都圏からの本社機能移転・分散 住宅ローン減税の縮小傾向 首都圏の再開発事業 雇用不安	トップマネジメントレベル	1 全般マネジメント	DASP		都市部物件の空室率の増加
		2 ヒューマンリソース・マネジメント	P		
国の資金繰り支援策		3 ファイナンス・マネジメント	DP		修繕・改修費の借入増加
金融環境の悪化 用地取得費用の上昇 資材価格高騰による物件価格引上げ 公示地価の下落 低金利		4 ファシリティ・マネジメント	ASP	駅徒歩圏内の立地のよい保有物件	家賃相場の下落
大型オフィスビルの供給増加 既存オフィスビル空室率の増加 住宅販売に回復の兆し リフォーム市場の拡大 耐震性・防災対策、修繕・補強の増加 環境対応型・防犯安全面による付加価値	ミドルマネジメントレベル	5 商品管理	AS	地元業者との連携	物件の老朽化 修繕工事・耐震補強工事の増加 Z駅周辺の土地勘がない
アウトレットマンションの増加 値引き販売の増加 省エネ・安全性など選定基準の多様化 IT化の進展		6 販売管理	S		都市部物件の顧客調達
IT化の進展	現場レベル（営業）	7 広告・PR活動	SP		顧客調達は賃貸斡旋業者に任せている
		8 営業システム	SP		
IT化の進展		9 営業効率	SP		情報管理にITが活用できていない
高齢化社会の到来 住宅ローン審査の厳格化 社宅の減少		10 顧客管理	S	地場物件の清掃・管理が行き届いている	都市部物件の訪問頻度が低い

◎消費者ニーズに合わせた物件の改修と都内物件の運用改善がカギ

　Ｉ社は業界標準値と比べ、自己資本比率が32.45ポイント低くなっている。これは、物件の改修・修繕ために固定負債（Ｄ）の長期借入金の額が膨れていることが要因であることが、事例・４列SWOT分析表からわかる。老朽化物件もあり、建物自体の価値が売上に影響を与えるため修繕は必須であるが、近年は消費者のニーズも多様化しており、ニーズに応えた投資的な観点の改修により、物件の競合優位性を上げ、収益を向上させることも考慮し、修繕改修計画を行うべきである。その際は、投資対効果を考慮し投資回収が可能か十分に検討する必要がある。また、借入金返済時の支払利息額も大きく営業外費用（Ｐ）を押し上げている。流動比率は平均よりも低いうえ、100％を下回っているので、安全性の観点からも問題がある。売上原価額の対売上高比率が、業界標準値の28.70％と比較し、43.15％となっており、貸主や売主との意思疎通、交渉が十分でないことが考えられ、早急な対策が必要である。

　Ｉ社は、ｉ市においては長年の地域密着型の経営により、地場の協力企業とのネットワークを活かした安定的な運営を行っている。しかし、Ｚ駅の都内物件の収益性の悪化が業績低下・運営資金圧迫の要因となっており、将来の修繕改修計画を検討するうえでも改善が必要である。

　Ｉ社のように顧客調達を提携業者に一任する形態の場合、強力なパートナー提携業者の存在がカギとなっており、Ｚ駅エリアについての提携企業の弱さに改善余地が大きい。都内物件は立地条件の面では優位性があるものの、フロアレイアウト、外壁看板広告収入の活用など運用方法に改善の余地もあり、運用次第では収益を上げることも可能である。また、業務のIT化も遅れており、情報収集、情報分析にITを導入し効率化を図りたい。

第10節 学術研究、専門・技術サービス業

1 業種俯瞰

① 分　類

　この大分類には、主として学術的研究などを行う事業所、個人または事業所に対して専門的な知識・技術を提供する事業所でほかに分類されないサービスを提供する事業所が該当する。これらを中分類として、「学術・開発研究機関」「専門サービス業（他に分類されないもの）」「広告業」「技術サービス業（他に分類されないもの）」の４つに分けている。

　ここでは「広告業」を分析する。また、「実態調査」においては、"73　広告業"の数値を用いた。
　この中分類には、主として依頼人のために広告に係る企画立案、マーケティング、コンテンツの作成、広告媒体の選択等、総合的なサービスを提供する事業所、新聞、雑誌、ラジオ、テレビ、インターネットその他の広告媒体のスペースまたは時間を当該広告媒体企業と契約し、依頼人のために広告する事業所が分類される。

② 特　徴

　広告業の特徴は、以下のとおりである。

▶景気動向に左右されやすい業界であり、世界同時不況、東日本大震災により企業が一斉に広告出稿を控えたことで業界は低迷したが、現在は回復傾

向となっている。
▶これまで広告費の約5割を占めていたマスコミ4媒体（テレビ、ラジオ、新聞、雑誌など）は低迷してきており、特に新聞や雑誌などの紙媒体を中心に減少傾向が続くと見られているが、DM（ダイレクトメール）やSP（セールスプロモーション）などのターゲットを絞りこんだ広告は増加傾向にある。
▶ITの進歩により、広告戦略におけるインターネットの効果が一段と鮮明になってきており、ネット広告は今後も拡大すると考えられているが、伸びは鈍化し、厳しい状況が続く。
▶複数のウェブサイトをネットワーク化したウェブ広告媒体「アドネットワーク」が需要を伸ばしている。同一のネットワークに参加している複数のウェブサイトに一括で出稿でき、短期間で大規模な露出が見込める点などが評価されている。このような新たな広告手法が次々と生まれている。
▶急成長を見せているモバイル広告市場をどれだけ拡大していけるかが業界にとってのキーと見られており、なかでも利用者が急増しているスマートフォン向けの広告配信を各社が強化している。
▶媒体や広告手法の多様化で市場は細分化され、より専門性が高まっている。

学術研究、専門・技術サービス業

押さえておきたいポイント

- ☞削られやすい広告費
- ☞マスコミ媒体の低迷⇔ターゲットを絞った媒体の増加
- ☞新たな広告手法が次々と誕生
- ☞各社がモバイル市場の取込みを強化

2　DASP解説（定量分析）

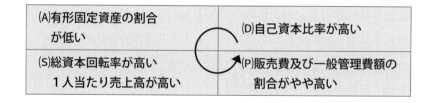

DASP分析図（全業種－広告業）

Assets	額（千円）		構成比率（%）	
	全業種	広告業	全業種	広告業
流動資産	146,877	142,978	54.37	70.21
有形固定資産	88,416	27,801	32.73	13.65
無形固定資産	2,020	1,879	0.75	0.92
投資その他の資産	32,065	30,499	11.87	14.98
流動比率（%）			163.81	219.31

Debt	額（千円）		構成比率（%）	
	全業種	広告業	全業種	広告業
流動負債	89,664	65,193	33.19	32.01
固定負債	79,894	42,615	29.57	20.93
払込資本	17,081	12,847	6.32	6.31
利益剰余金	83,515	82,980	30.91	40.75
自己資本比率（%）			37.24	47.06

Sales	額（千円）		従業員数（人）	
	全業種	広告業	全業種	広告業
売上高	312,089	357,530	—	—
1人当たり売上高	20,532	31,922	15	11
総資本回転率（回）			1.16	1.76

Profit	額（千円）		対売上高比率（%）	
	全業種	広告業	全業種	広告業
売上原価額	235,661	258,349	75.51	72.26
販売費及び一般管理費額	68,250	87,962	21.87	24.60
営業外費用（一収益）額	-1,662	-1,080	-0.53	-0.30
売上高経常利益率（%）			3.15	3.44

(A)有形固定資産の割合が低い	(D)自己資本比率が高い
(S)総資本回転率が高い　1人当たり売上高が高い	(P)販売費及び一般管理費額の割合がやや高い

Debt
　　　　　　負　債

　広告業の自己資本比率は全業種よりも9.82ポイント高くなっている。自己資本中の払込資本と利益剰余金を見ると、利益剰余金の構成比率が9.84ポイント高く、これが自己資本比率を押し上げていることが分かる。
　広告業は、現在激しい値下げ要求に対応し、利益を出すことが困難であるとも考えられるが、意外にも他業種より内部留保が厚いことがうかがえる。

Assets
資産

　全業種と比較すると、流動資産の構成比率が高く（＋15.84ポイント）、逆に有形固定資産の構成比率が低い（－19.08ポイント）。広告業での外注先は、カメラマン、デザイナー、コピーライターなどが多いが、これらの職業は個人営業のところが多く、支払サイトは締切り後1ヵ月が一般的である。それに対して、クライアントからの入金サイトは3～4ヵ月後となることも珍しくなく、支払が先行することである程度の運転資金が必要となり、このことが流動資産の構成比率が高い理由のひとつではないかと考えられる。また、有形固定資産の構成比率が低いことから、広告業が他業種よりも保有設備が少ないことがうかがえる。広告業では早い時期からデジタル化が進んでおり、パソコンとその周辺機器が主な設備となっている場合が多いが、これらの設備は年々低価格化されており、プロ仕様の機器もかなり低価格になっている。

Sales
売上

　総資産回転率は全業種よりも0.6ポイント高く、保有資産から効率よく売上をあげている状況がうかがえる。これは、Assetsセクションで述べたように高価な設備をあまり必要としないためであろう。また、1人当たり売上高は全産業よりも11,390千円多く、人的効率もよいことがうかがえる。

Profit
利益

　売上高経常利益率は全業種と比較し0.29ポイント高い。販売費及び一般管理費額の構成比率は、全産業よりも2.73ポイント高くなっており、人件費負担が他業種よりも大きいことなどが考えられるが、大きな問題があるとはいえない。

3　4列SWOT解説（定性分析）

4列SWOTチェック表（広告業）

OT		小項目	DASP関連性	SWチェック
国内人口の減少 少子高齢化による嗜好の変化 広告業界全体の低迷	トップマネジメントレベル	1 全般マネジメント	DASP	□経営理念（ビジョン）があり、従業員に周知されているか？ □経営戦略が策定され、進捗状況が把握されているか？ □意思決定は迅速に行われ、従業員に浸透しているか？ □組織体制は整備され、連携が取れているか？ □権限委譲、職務分掌は十分にされているか？ □法令順守などコンプライアンスは実行されているか？
少子高齢化による労働人口の減少 不況による人材確保面で有利な局面 人員削減・派遣労働者の解雇		2 ヒューマンリソース・マネジメント	P	□定着率はよいか？ □モチベーションは保たれているか？ □適材・適所に人材が配置されているか？ □スキルアップのための教育は十分か？（社内技術・技能の伝承、新技術の習得） □給与・賞与管理、評価制度は適切か？ □福利厚生は従業員が納得するレベルか？
国の資金繰り支援策実施 金利低下 株安		3 ファイナンス・マネジメント	DASP	□財務会計処理は毎月適切に行われているか？ □月々の資金は管理されているか？ □資金調達時の担保となるものがあるか？ □プロジェクトごとの損益分析を行っているか？ □売掛金・買掛金のバランスは悪くないか？ □売掛金の回収状況は順調か？
建物の耐震問題 パソコン以外のITツール（ハードウェア）の普及 モバイル機器の普及 IT機器のさらなる低価格化		4 ファシリティ・マネジメント （オフィス・設備）	AP	□オフィスはイメージのよい場所にあるか？ □オフィスは主要顧客にアクセスしやすい場所にあるか？ □オフィスは作業効率を考慮した造りになっているか？ □オフィスは社員の創造性を助長する内装・造りになっているか？ □オフィスはコミュニケーションのしやすい造りになっているか？ □設備のバージョンアップ、リニューアルは適切に行われているか？
情報システムの低価格化 無料ツールの台頭 クラウドコンピューティングの普及 パソコン以外のITツール（ハードウェア）の普及		5 情報マネジメント	ASP	□紙書類は分類、保管され、適宜活用されているか？ □必要のない紙書類が保存され、オフィススペースを無駄にしていませんか？ □電子ファイルは分類、保管され、適宜活用されているか？ □必要のない電子ファイルが保存され、記憶媒体スペースを無駄にしていませんか？ □情報は管理レベルごとに適切に共有されているか？ □情報セキュリティは情報の活用を妨げない適切なレベルで対策を講じているか？ □社内コミュニケーションが円滑に行われる仕組みになっているか？
新たな広告手法の台頭 モバイル市場の拡大 広告手法の多様化、細分化	ミドルマネジメントレベル	6 新サービス開発	SP	□最新の広告手法をフォローアップしているか？ □自社のコアコンピタンスを理解しそれに付随するサービス開発をしているか？ □顧客のニーズ・動向を新サービスに反映させているか？ □協業先との共同開発などでサービスの幅を広げているか？
新たな広告手法の台頭 広告手法の多様化、細分化 コストダウン要請の強まり 請負単価の下落		7 パートナー・マネジメント	P	□ひとつの作業に対し、複数の外注先を有しているか？ □コンスタントに付き合いのある安定的な外注先を有しているか？ □外注指導によるコストダウンを実施しているか？ □外注先の技術レベル（QCT）は高いか？ □より条件のよい、技術レベルの高い新規外注先の開拓はコンスタントに行われているか？
コストダウン要請の強まり 請負単価の下落		8 進捗管理 （原価管理）	SP	□案件ごとの進捗をフェーズごとに把握しているか？ □進捗とともに原価を把握しているか？ □案件をまたいだ横断的なスタッフの融通ができているか？ □過去のJPの進捗・原価実績を見積っているか？
顧客ニーズの多様化・深化 マスコミ4媒体の低迷 紙媒体の低迷 DM、SPなどのターゲットを絞り込んだ広告のニーズ増加 ネット広告の拡大と伸び率の鈍化		9 サービス	SP	□スタッフの専門知識、専門スキルは高いか？（保有資格含） □競合にはないオリジナルサービスはあるか？ □サービスの種類は豊富か？（顧客からのニーズに対応できているか） □サービスに自社のコアコンピタンスは活かされているか？
顧客ニーズの多様化・深化 広告手法の多様化、細分化 コストダウン要請の強まり 請負単価の下落	現場レベル	10 営業 （販売チャネル）	S	□営業担当者の人員数、能力は十分か？ （コミュニケーション・プレゼンテーション・傾聴能力） □既存顧客への継続・追加案件へのアプローチは計画的に行われているか？ □新規顧客へのアプローチは計画的に行われているか？（新規顧客比率） □外注先の販路を取り込んでいるか？ □顧客情報はデータベース化・共有化され、アプローチ履歴は記録されているか？

① トップマネジメントレベル

　広告業では、広告物を企画・制作するサービスが売上の源泉であり、スタッフのスキルや"センス"がクオリティに直結する。これは、"スタッフ＝商品"ともいえ、「2.ヒューマンリソース・マネジメント」の重要性は高く、雇用条件も含め、よいスタッフが定着するための取組みが気になる。そのスタッフの創造性を助長するためのオフィス空間の工夫も、ほかの専門サービス業（クリエイティブではない事務作業中心のサービス業）よりも重要性が高いのではないか。

② ミドルマネジメントレベル

　マスコミ4媒体や紙媒体が低迷し、新たな広告手法が次々と誕生しており、それらをキャッチアップし新たなサービスに繋げることができるかが問われる。また、その作業を委託できる外注先との繋がり・外注先の技術レベルもサービスのクオリティを左右する。加えてコスト競争も激しく、より厳密な原価管理（主に労務費）＝進捗管理の能力や、その仕組みが確立されているか（予実管理を行い、その実績を次回の見積に反映させているか）が問われる。

③ 現場レベル

　他社にはないサービスができるか、またはクライアントが求めるサービスを提供できるかは、スタッフの専門知識・専門スキルや外注先のそれに依存する。しかし、この業界に関係する専門資格は少なく、感覚的でつかみどころのない部分が多いため、受注実績での判断になることが多くなるのではないか。営業に関しては、業界一般では元請先からの受注が減少している状況のなか、直接顧客を新規に獲得する取組みを計画的に行う必要がある。

4　事例説明

決算書（広告業J社）

【貸借対照表】　　　　　　　　　　（単位：千円）

	項目	金額
資産	流動資産	
	現金・預金	36,349
	受取手形	1,583
	売掛金	37,893
	有価証券	857
	商品・製品	1,664
	半製品・仕掛品	406
	原材料・貯蔵品	230
	その他の棚卸資産	35
	その他の流動資産	18,362
	計	97,379
	固定資産　有形固定資産	
	建物・構築物	10,148
	機械・装置	3,377
	車両・運搬具	0
	工具・器具・備品	2,200
	土地	0
	計	15,725
	無形固定資産	3,514
	投資等	17,109
	計	36,348
	繰延資産	1,436
	合計	135,163
負債・純資産	流動負債	
	支払手形	942
	買掛金	12,018
	短期借入金（年間返済長期借入金を含む）	33,812
	その他流動負債	4,719
	計	51,491
	固定負債	
	社債・長期借入金	54,200
	その他固定負債	601
	計	54,801
	純資産	
	資本金	10,000
	資本剰余金	877
	利益剰余金	17,994
	計	28,871
	合計	135,163

【損益計算書】　　　　　　　　　　（単位：千円）

項目	金額
売上高	225,135
売上原価	186,018
（うち労務費）	45,027
（うち外注費）	78,797
売上総利益	39,117
販売費及び一般管理費	40,574
（うち人件費）	9,191
営業利益	△1,457
営業外収益	3,946
営業外費用	2,400
経常利益	89
特別利益	879
特別損失	1,004
税引前当期純利益	△36
法人税等	70
当期純利益	△106

◎経営者とスタッフの営業意識の差

　J社は、創業10年、従業員9名の広告業者である。直近時の売上高は、約2億2,500万円であった。j社長はもともと大手広告会社のアートディレクターで、数々の名だたる企業の広告制作に係わった。独立後は大手の下請けをメインに、順調に制作スタッフを増やし、ピーク時には、カメラマン、デザイナー、ライター、Webデザイナーなど、20名の専門スタッフを抱えていた。彼らをj社長が束ね、様々な制作ニーズを請け負える体制を整えた。しかし、数年前から続く不況のなか、大手からの下請け案件は半減し、J社もスタッフの削減を余儀なくされた。

　J社は、都心の「おしゃれな街」と呼ばれる地区にオフィスを借り、アクセスも良好である。オフィスにはパーテーションで仕切られた個人スペースと、広いミーティングスペースが用意されている。現在は、自社にない人材を補うため、以前から付き合いのある外注先を活用する割合が多くなっているが、外注先への支払サイトが売掛金の入金サイトよりも短い場合が多い。

　J社では、以前はj社長の知人を講師に招き、社内勉強会を定期的に開いていたが、現在は時間的な余裕がなく休止状態である。また、社外セミナーへの参加もめっきり減った。新たな広告手法が次々と誕生しているなか、アイデアマンで新しい物好きの社長はそれらのキャッチアップに余念がなく、外注先も巻き込み新たなサービスにつなげているが、スタッフにはそれらの動きは見られない。営業に関しても、新規開拓は社長自らが行い、スタッフは既存顧客のフォロー中心である。

　j社長は、スタッフの創造性を削がないようにと、制作作業時間について厳しく問うことはないが、その分制作費用（主に労務費）の把握も甘く、また会社全体の損益についても、顧問税理士からは半年に一度の報告を受ける程度である。社内の情報（顧客情報、制作に係る各種データなど）は、各自のパソコンで保有しており、状況共有はされていない。

5　事例解説

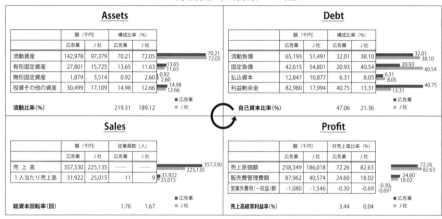

DASP分析図（広告業－J社）

4列SWOT分析表（広告業J社）

OT		小項目	DASP関連性	S	W
国内人口の減少 少子高齢化による嗜好の変化 広告業界全体の低迷	トップマネジメントレベル	1 全般マネジメント	DASP		社長以下は横並びの組織体制
少子高齢化による労働人口の減少 不況による人材確保面で有利な局面 人員削減・派遣労働者の解雇		2 ヒューマンリソース・マネジメント	P		社内勉強会は現在休止状態
国の資金繰り支援策実施 金利低下 株安		3 ファイナンス・マネジメント	DASP		外注費の支払いサイトが売掛金の入金サイトよりも短い 月次決算の集計完了は半年後
建物の耐震問題 パソコン以外のITツール（ハードウェア）の普及 モバイル機器の普及 IT機器のさらなる低価格化		4 ファシリティ・マネジメント（オフィス・設備）	AP	都心の複数の地下鉄にアクセスできるオフィス	
情報システムの低価格化 無料ツールの台頭 クラウドコンピューティングの普及 パソコン以外のITツール（ハードウェア）の普及		5 情報マネジメント	ASP	充実した個人スペースとミーティングルーム	情報はほぼ個人管理
新たな広告手法の台頭 モバイル市場の拡大 広告手法の多様化、細分化	ミドルマネジメントレベル	6 新サービス開発	SP	アイデアマン・新しい物好きの社長がメインでサービス開発 外注先と共同で自社にない技術を使用したサービス開発	
新たな広告手法の台頭 広告手法の多様化、細分化 コストダウン要請の強まり 請負単価の下落		7 パートナー・マネジメント	P		外注先は固定的、新規外注先開拓は自主的に行われていない
コストダウン要請の強まり 請負単価の下落		8 進捗管理（原価管理）	SP		作業時間の予測・実績管理はされておらず、原価計算・見積はアバウト
顧客ニーズの多様化・深化 マスコミ4媒体の低迷 紙媒体の低迷 DM、SPなどのターゲットを絞り込んだ広告のニーズ増加 ネット広告の拡大と伸び率の鈍化	現場レベル	9 サービス	SP		スタッフのスキルは中程度、アイデアマン不在
顧客ニーズの多様化・深化 広告手法の多様化、細分化 コストダウン要請の強まり 請負単価の下落		10 営業（販売チャネル）	S		既存顧客への営業はサービススタッフが兼務、新規営業は社長が担当 顧客情報は社長が保有

◎情報の共有で有機的な組織に

　Ｊ社のDASP分析を見てみよう。まず、Debtセクションでは、自己資本比率が業界標準値よりも25.7ポイント低い。自己資本の内訳（払込資本と利益剰余金）をみると、利益剰余金の構成比率が業界標準値よりも27.44ポイント低く、自己資本比率が低い要因になっていることが分かる。その分、固定負債の構成比率は業界標準値よりも19.61ポイント高くなっており、少ない自己資本を長期的な借入で賄っている状況が見える。Assetsセクションでは、有形固定資産の構成比率が業界標準値よりも2.02ポイント低く、土地や車両を保有していないＪ社の特徴となっている。Salesセクションでは、１人当たり売上高が業界標準値よりも6,907千円低く、９人という人数が適正かどうか、作業効率がよいのかどうか疑問である。Profitセクションでは、売上高経常利益率は0.04％と、業界標準値よりも3.4ポイント低い。この要因として、売上原価が業界標準値よりも10.37ポイント高いことがあげられる。ここからも、制作にかかる労務費や外注費がかさんでいることが予測される。

　Ｊ社では、大手広告会社のアートディレクターであったｊ社長がサービス、営業、開発などあらゆる業務で主導し、それを各スタッフが補佐する形の組織になっている。下請けの案件が減少するなか、Ｊ社は新規の直接顧客を増やしたいところである。そのためには、社長以外のスタッフも、上流工程であるディレクションができるレベルに育成する（または雇用する）ことが求められ、また、営業や開発に関しても、各スタッフがより積極的に行動することも求められる。その下地として、オフィススペースや各種ツールなどのインフラは整っている。Ｊ社では、各種情報が個人レベルの管理にとどまり、共有化されていない。クリエイティブな情報の共有によりサービス開発の活発化、顧客情報の共有により営業活動の活発化が期待できる。このような情報の共有（コミュニケーションの活発化）で、より有機的な組織に発展しうる。

学術研究、専門・技術サービス業

第11節 宿泊業、飲食サービス業

1 業種俯瞰

① 分　　類

　日本標準産業分類における宿泊業とは、一般公衆、特定の会員等に対して宿泊または宿泊と食事を提供する事業所をいう。また、飲食サービス業とは、客の注文に応じ調理した飲食料品、その他の食料品、アルコールを含む飲料をその場所で飲食させる事業所およびカラオケ、ダンス、ショー、接待サービスなどにより遊興飲食させる事業所が分類される。なお、その場所での飲食と併せて、持ち帰りや配達サービスを行っている事業所も本分類に含まれる。

　宿泊施設は、日本では「旅館業法」で規制されており、実際の営業にあたっては、都道府県知事の許可を受けることになっている。

　一方、飲食サービス業は、厚生労働省が所管する「生活衛生関係営業の運営の適正化及び振興に関する法律」で管理されており、保健所の許可が必要である。

　ここでは「飲食サービス業」を分析する。また、「実態調査」においては、"76　飲食店"の数値を用いた。

② 特　　徴

　飲食サービス業の特徴は、以下のとおりである。

▶外食産業における飲食店を中心とした給食主体の市場規模は2015年で約20兆円となっており、外食産業全体の79.5％を占めている。前年比で2.3％増加しており、この背景には訪日外国人の増加によるインバウンド需要があると考えられる。

▶節約傾向・家庭回帰の動きが強まりや、家事に手が回らない家庭の増加で弁当や惣菜・デザートなどを外で購入し、自宅や職場へ持ち帰って食べるいわゆる"中食"の需要が増加している。

▶近年、食をめぐる偽装表示などが相次ぎ、企業のコンプライアンスの向上と消費者からの信頼確保が強く求められている。また、食品の安全性に警戒感を持つ消費者が増え、「安全志向」が強まった。

▶カフェやファミリーレストランなど、これまでにアルコールの訴求に力を入れていなかった業態がアルコールの販売に力を入れ、通常の飲食店がテイクアウトを強化するなど、外食産業での市場の食い合いが発生している。

▶これまでは○○専門といった専門性の高い業態は中小の個人飲食店が中心であったが、大手チェーン店も専門店業態を展開し始めている。

宿泊業、飲食サービス業

押さえておきたいポイント

- ☛ 中食が成長傾向にある
- ☛ ちょい飲みニーズの増加
- ☛ 専門性の高い業態の増加

2　DASP解説（定量分析）

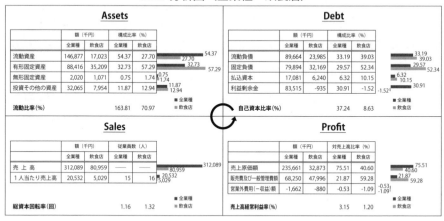

Debt
　　　　　　　　　　負　債

　飲食業の特性として、初期に多額な設備投資額が必要となる。さらに、機能を維持するためにも投資が必要で、借入金による資金調達が多額になり、固定負債の構成比率が全業種の29.57％に比べ22.77ポイント高い52.34％になっていると考えられる。

Assets
資　産

　有形固定資産の構成比率が57.29％と高い割合を示しているのは、飲食業では、調達した資金の大部分が土地や建物・施設などに投資されるためと思われる。

　宿泊業、飲食サービス業ともに多くの棚卸資産を抱える必要はなく、代金も現金取引が主なため、流動資産の構成比率が27.70％と全業種の約半分になっていると考えられる。

Sales
売　上

　景気低迷によるいわゆる巣ごもり消費の影響でレジャー需要の低下、中食の台頭などにより売上高は低下傾向にある。

　宿泊業、飲食サービス業ともにサービスを提供する労働力が必要とされるため、1人当たり売上高は全業種に比べて低くなっていると考えられる。

Profit
利　益

　売上原価の対売上高比率は全業種に比べて約半分の40.60％であるが、販売費及び一般管理費額の対売上高比率は59.28％と全業種の3倍近い数値である。宿泊業、飲食サービス業は労働集約型産業のため、人材確保に伴う人件費、既存店舗のテコ入れによる改装費用、店舗家賃などが販売費及び一般管理費額の対売上高比率を高めていると考えられる。

3　4列SWOT解説（定性分析）

4列SWOTチェック分析表（飲食店）

OT		小項目	DASP関連性	SWチェック
中食への回帰 BSE、鳥インフルエンザ問題 低価格チェーン店の増加 個人消費の冷え込み 食の安全志向の高まり	トップマネジメントレベル	1 全般マネジメント	DASP	□経営理念（ビジョン）があり、従業員に周知されているか？ □経営戦略が策定され、進捗状況が把握されているか？ □意思決定は迅速に行われ、従業員に浸透しているか？ □組織体制は整備され、連携が取れているか？ □権限委譲、職務分掌は十分されているか？ □ITを積極的に利用、または取り入れているか？ □法令順守などコンプライアンスは実行されているか？
慢性的な人手不足 人件費の高騰		2 ヒューマンリソース・マネジメント	P	□定着率はよいか？ □モチベーションは保たれているか？ □適材・適所に人材が配置されているか？ □スキルアップのための教育は十分か？ □給与・賞与管理、評価制度は適切か？ □福利厚生は従業員が納得するレベルか？
国の資金繰り支援策		3 ファイナンス・マネジメント	DASP	□財務会計処理は毎月適切に行われているか？ □月々の資金は管理されているか？ □資金調達時の担保となるものがあるか？ □店舗別損益分析を行っているか？
居抜き物件の活用 賃料の低下 調理器具の進化 POSデータ管理の低価格化		4 ファシリティ・マネジメント	A	□出店・撤退基準は明確か？ □既存店の立地条件はよいか？ □競合店は少なく競争条件は緩いか？ □顧客ターゲットに合った空間環境になっているか？
ITの普及	ミドルマネジメントレベル（店長）	5 計数管理	SP	□売上管理がなされているか？ □発注・仕入管理がなされているか？
飲酒運転取締の強化 若者の酒離れ 低価格メニューの支持 食の安全・安心の意識の高まり		6 メニュー管理	SP	□顧客ターゲットに適合したメニューになっているか？ □顧客ターゲットに適合した味付け、盛り付けになっているか？ □顧客ターゲットに適合した価格設定になっているか？ □食材に適合した器が選定されているか？ □競合にはないオリジナルメニューがあるか？
		7 食材管理	AP	□適正な在庫量で管理できているか？ □食材の鮮度は保たれているか？
ITの普及 食べログなどの普及		8 広告・PR活動	P	□ITを活用して店舗情報の発信をしているか？ □ITを活用して予約システムの導入をしているか？ □タイムサービス、店内イベントなどを行っているか？ □店内ポスター、POPが作成されているか？ □ポイントカード・割り引きクーポンなどを発行しているか？ □DM、チラシなどを配布しているか？
		9 従業員管理	P	□接客技術指導、調理技術指導を行っているか？ □客観的な評価制度が整備されているか？ □繁閑に合わせた効率のよいシフト管理ができているか？
少子高齢化	現場レベル（従業員）	10 顧客管理	S	□新規顧客を開拓しているか？ □既存顧客の維持、確保はなされているか？
慢性的な人手不足 コスパ志向の高まり クレームマーケティングの広まり		11 接客・サービス	S	□接客技術は高いか？ □調理技術は高いか？ □料理の提供時間は早いか？ □クレーム対応はマニュアル化されているか？ □業務の効率化、平準化は進んでいるか？
食の安全志向の高まり		12 クレンリネス	S	□店内の掃除は行き届いているか？ □トイレの掃除は行き届いているか？

① トップマネジメントレベル

　飲食サービス業では、トップが経営戦略や事業計画に合わせてどのような店舗を作り上げるか重要になってくる。ターゲットとする顧客層や店舗のコ

ンセプトを決定し、メニューの充実や価格の設定を通して飲食店を作り上げなければならない。店舗の立地場所は周辺地域の状況や交通アクセスがよいか、競合業種、競合店舗が少ないかなどのチェックが必要である。

　また、新規に店舗を立ち上げる際は、賃貸物件の保証料や調理器具の購入などで一時的に資金が必要になるため、資金管理も重要になってくる。

② ミドルマネジメントレベル(店長)

　競合が多い飲食サービス業では、競争力のあるメニューで他店との差別化ができれば大きな強みになる。ランチタイムやディナータイムそれぞれの時間帯での顧客ターゲットに適合したメニュー内容、味、盛り付け、価格になっているかチェックが必要であり、最近では、〝クオリティと値頃感のバランス〟がポイントである。

　「広告・PR活動」では〝食べログ〟などの飲食サイトへの掲載や、インターネットを利用した販促活動を利用しているかは今や常識となっている。

　また、近年では中食需要の高まりに応じて、自宅で食べることのできる揚げ物や小鉢といった総菜類を強化している店舗もある。

③ 現場レベル（従業員）

　飲食サービス業ではパートやアルバイトを雇用することが多く、直接サービスを提供して接客する従業員の教育・管理は重要となる。パートやアルバイトに対しても教育を実施し、従業員に対してのマニュアルやルールを標準化して誰でも同様のサービス・接客ができるような仕組み作りも必要となってくる。

4　事例説明

決算書（飲食店K社）

【貸借対照表】　　　　　　　　　　　（単位：千円）

資産		項目	金額
資産	流動資産	現金・預金	3,675
		受取手形	2
		売掛金	714
		有価証券	367
		商品・製品	325
		半製品・仕掛品	0
		原材料・貯蔵品	119
		その他の棚卸資産	11
		その他の流動資産	2,565
		計	7,778
	固定資産 有形固定資産	建物・構築物	11,895
		機械・装置	843
		工具・器具・備品	1,790
		土地	5,126
		建設仮勘定	0
		計	19,654
		無形固定資産	589
		投資等	5,196
		計	25,439
		繰延資産	611
		合計	33,828
負債・純資産	流動負債	支払手形	68
		買掛金	1,429
		短期借入金（年間返済長期借入金を含む）	7,993
		その他流動負債	5,103
		計	14,593
	固定負債	社債・長期借入金	19,768
		その他の負債	1,053
		計	20,821
	純資産	資本金	5,000
		資本剰余金	233
		利益剰余金	△6,818
		計	△1,586
		合計	33,828

【損益計算書】　　　　　　　　（単位：千円）

項目	金額
売上高	50,570
売上原価	26,375
売上総利益	24,195
販売費および一般管理費	24,334
営業利益	△139
営業外収益	683
営業外費用	764
経常利益	△220
特別利益	228
特別損失	457
税引前当期純利益	△449
法人税等	111
当期純利益	△560

◎顧客ターゲットが不明確

　K社は、1993年創業のイタリア料理店を運営している。店舗が入居するビルはK社社長所有であり、異なる路線の２駅から近く最寄駅から徒歩４分の立地にある。看板メニューは「手長エビのクリームパスタ」であり、開業以来、この商品を目的に遠方から来客する顧客も多く存在する。

　ビルの１階と２階が店舗となっており、１階には30席と厨房、２階には一般席20席と10人ほど入れるパーティールームが２部屋ある。近隣にはオフィスビルや予備校などが立ち並び、若い会社員および学生が多く来店し、ランチ時に客が入り切れない時はパーティールームを使用することもあった。しかし、１階と２階を行き来しての注文の確認や、料理の上げ下げなどかなり時間がかかることがある。

　ここ最近の不況の影響でじわじわと客数が減少しているところへ、昨年、店舗の向かいに大手ファミリーレストランYが出店してきた。Yのランチは680円と割安感がある一方、K社の店舗はパスタのランチ中心で価格は980円でボリューム感がある。そのためか、女性客の中には食べ残す人も多い。

　ディナータイムは仕事帰りに数人で立ち寄る客が多いが、最近は中高年齢者グループの来店も増えた。K社ではランチタイムの客をなんとかディナーにも呼び込もうと、ディナータイムで利用できる割引券を配布したこともあったが、ほとんど使われていない。

　K社は今年、新しい料理長を迎えた。新料理長は料理の腕は確かで、その新料理長の提案で、素材に無農薬、減農薬野菜を使用することになり、新たにその調達ルートを開拓した。

　K社のある地域では最近、地域活性化の一環として空きビルを住居用にコンバートする再開発が進められている。これらのマンションは、比較的中高年齢者の夫婦が購入しているようである。近隣の商店街では共働きの家庭を想定した総菜に力を入れている。

5　事例解説

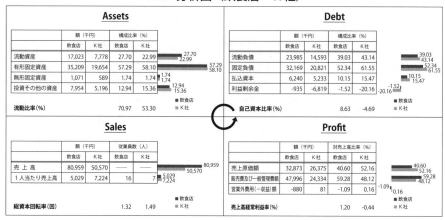

4列SWOT分析表（飲食店K社）

OT		小項目	DASP関連性	S	W
中食への回帰 BSE、鳥インフルエンザ問題 個人消費の冷え込み 食の安全志向の高まり 競合のX店が出店してきた	トップマネジメントレベル	1 全般マネジメント	DASP	20年以上の営業による認知度の高さ 専門性の高さ	店舗コンセプトが不明確である 顧客ターゲットが不明確である
慢性的な人手不足 人件費の高騰		2 ヒューマンリソース・マネジメント	P	腕のいい料理長が入社した	求人広告の反応率が低い
国の資金繰り支援策		3 ファイナンス・マネジメント	DASP	クレジットカードを使用する顧客が少ない 業者との取引は買掛で行っている	
居抜き物件の活用 賃料の低下 近隣にオフィスビルや予備校が 近隣の住居用ビルが増加している 地域の再開発計画がある		4 ファシリティ・マネジメント	A	2 駅から近い立地である オーナー所有のビルに入居している パーティスペースがある	2階が有効に活用されていない
ITの普及	ミドルマネジメントレベル（店長）	5 計数管理	SP		原価率が高い 単品原価管理ができていない
飲酒運転取締の強化 若者の酒離れ 低価格メニューの支持 食の安全・安心の意識の高まり		6 メニュー管理	SP	看板メニューが明確である	ランチの料理を残す客が多い
		7 食材管理	AP	無農薬野菜の調達ルートがある	
ITの普及 食べログなどの普及		8 広告・PR活動	P	無駄な広告を使用していない	割引券の効果が出ていない 食べログを有効に活用できていない
		9 従業員管理	P		繁忙時に人手が不足する 人材が集まらない
少子高齢化 近隣に中高年齢夫婦が 住み始めている	現場レベル（従業員）	10 顧客管理	S	ランチ時の来店客が多い	来店客数が減少している
慢性的な人手不足 コスパ志向の高まり		11 接客・サービス	S	看板メニューを目的とした来店がある	2階を使用するとサービスが下がる
食の安全志向の高まり		12 クレンリネス	S	トイレ清掃を徹底している	

◎ターゲットを絞った戦略がポイント

　K社の場合、トップマネジメントレベルの経営戦略が明確に立てられていないということが大きな問題である。本来は店舗コンセプトとターゲット顧客の設定をどうするかによって、店舗の外観・内装、メニュー構成、料理の質・量、価格などが決定されるべきでる。しかし、K社ではランチタイムでの女性客に対する料理の量や、競合店が出現してからもランチの価格設定について手つかずの状態である。

　新しい料理長の無農薬、減農薬野菜を使用した新しいメニューを導入は売上原価額（P）が膨らんでいる原因となっている。新メニューによる売上高の増加などその効果が見られなければ、調達ルートの変更や新たなメニューを考えなければならず、もう少し深くチェックしていく必要がある。

　また、ランチタイムの客をディナーへ呼び込もうとしているが、一方で今後の来店が期待できる中高年グループには具体的販促活動を行ってはおらず、このままでは売上高（S）の回復は期待できそうにない。ただ、惣菜などを中心としたテイクアウト販売積極的に行えば、利用動機の幅を広げることが可能であり、売上増を見込める。

　さらに店舗作りの面でいうと、店内が２フロアあるため、一見すると強みと捉えたいところだが、セルフサービス業態と違って接客係がオーダーを取って料理等を運ばなければならない場合は効率性を下げることになり、店舗面積の広さが弱みとなっている。

　K社の場合、店舗の立地が異なる路線の２駅から近く、さらに今後の地域の再開発が予定されているなどの強みを活かすため、店舗コンセプトやターゲット顧客の設定を行い、メニューや店舗の設計など抜本的な見直しが必要となりそうである。

第12節 生活関連サービス、娯楽業

1　業種俯瞰

① 分　類

　日本標準産業分類において、生活関連サービス・娯楽業は、"洗濯・理容・美容・浴場業"、"その他の生活関連サービス業"、"娯楽業"の３つの中分類から成る。

(a)　洗濯・理容・美容・浴場業

　ここには、個人に対して身の回りの清潔を保持するためのサービスを提供する事業所が分類される。美容学校、エステティックサロン、マニキュア業、ペディキュア業、ペット美容師は美容業には含まれない。

(b)　その他の生活関連サービス業

　ここには、旅行業、家事サービス業、衣服裁縫修理業、物品預り業、火葬・墓地管理業、冠婚葬祭業などが含まれる。

(c)　娯楽業

　ここには、映画館、劇場、劇団、競輪・競馬等の競走場、スポーツ施設、遊園地、遊戯場などが含まれる。

　ここでは「美容業」を分析する。また、「実態調査」においては、"78　洗濯・理容・美容・浴場業"の数値を用いた。

② 特　徴

美容業の特徴は、以下のとおりである。

▶美容業は従業員4人以下の事業所が全体の約8割強、個人経営が約7割であり、従業員も経営者の親族が主になっていることが多く、零細性が強い。
▶開業時の設備投資が比較的少ないこともあり参入障壁は低い。そのため、施設数が増加しており過当競争状態にある。
▶若いうちに独立開業するケースも多く、その場合は新規開業資金の借入依存度が高い。
▶近年、低価格を売りにしたチェーン店や、海外の有名ブランドなど大手企業進出が競争激化の一因になっている。
▶近年の特徴としては、「ネイルサービス」「着付け」「メイクアップ」などの付加的なサービスを実施することで差別化を図る企業が増加している。
▶世界的にみると日本の美容技術は高く評価されており、海外展開においてはベトナム、シンガポールなどの経済成長の著しい地域においては追い風が吹いているといえる。一方で、言語や文化に合わせた従業員教育などといった課題は多く残っている。

押さえておきたいポイント

☛零細性が強い

☛参入障壁が低く過当競争状態

☛若い年代で独立開業

☛付加的なサービスの実施により差別化

2　DASP解説（定量分析）

DASP分析図（全業種－洗濯・理容・美容・浴場業）

Assets

	額（千円）		構成比率（%）		
	全業種	洗濯・理容・美容・浴場業	全業種	洗濯・理容・美容・浴場業	
流動資産	146,877	17,869	54.37	32.81	54.37 / 32.81
有形固定資産	88,416	27,912	32.73	51.25	32.73 / 51.25
無形固定資産	2,020	645	0.75	1.18	0.75 / 1.18
投資その他の資産	32,065	7,508	11.87	13.79	11.87 / 13.79

流動比率(%)　　163.81　97.36

Debt

	額（千円）		構成比率（%）		
	全業種	洗濯・理容・美容・浴場業	全業種	洗濯・理容・美容・浴場業	
流動負債	89,664	18,353	33.19	33.70	33.19 / 33.70
固定負債	79,894	26,999	29.57	49.58	29.57 / 49.58
払込資本	17,081	6,144	6.32	11.28	6.32 / 11.28
利益剰余金	83,515	2,964	30.91	5.44	30.91 / 5.44

自己資本比率(%)　　37.24　16.72

Sales

	額（千円）		従業員数（人）		
	全業種	洗濯・理容・美容・浴場業	全業種	洗濯・理容・美容・浴場業	
売上高	312,089	67,858	—	—	312,089 / 67,858
1人当たり売上高	20,532	5,901	15	12	20,532 / 5,901

総資本回転率（回）　　1.16　1.25

Profit

	額（千円）		対売上高比率（%）		
	全業種	洗濯・理容・美容・浴場業	全業種	洗濯・理容・美容・浴場業	
売上原価額	235,661	22,378	75.51	32.98	75.51 / 32.98
販売費及び一般管理費額	68,250	45,139	21.87	66.52	21.87 / 66.52
営業外費用（一収益）額	-1,662	-646	-0.53	-0.95	-0.53 / -0.95

売上高経常利益率(%)　　3.15　1.45

(A)流動資産の構成比率が低い 　有形固定資産の構成比率が高い	(D)固定負債の構成比率が高い
(S)1人当たり売上高が低い	(P)販売費及び一般管理費額の構成比率が高い

Debt　負債

　流動負債の構成比率は、全業種より0.51ポイント高くなっている。美容業では顧客からの支払は現金が主であり、支出のほとんどが人件費で運転資金需要はあまり多くないが、近年は流動負債比率も増加傾向にある。

　また、若年で独立するケースが多く、開業資金を借入れに依存する場合が多い。固定負債の構成比率は全業種より20.01ポイント高くなっており、借入依存の傾向が表れているといえる。

Assets
資　産

　流動資産の構成比率は、全業種より21.56ポイント低い。運転資金需要があまり多くないことやサービス自体が主な商品であり、棚卸資産が非常に少ないためと思われる。また、有形固定資産の構成比率は全業種より18.52ポイント高く、これらの多くは店舗設備や備品であると考えられる。また、有形固定資産の構成比率は高いが、金額では全業種を下回っており、それほど大規模な設備や施設が必要とされているわけではないことが考えられる。

Sales
売　上

　美容業の売上は美容師が提供するサービス料が主であるためか、従業員1人当たりの売上高は全業種と比べ14,631千円も低くなっている。従業員1人当たりの売上高は、美容業の総合力を見る判断材料になるといわれている。
　製造業や小売業のように〝在庫（A）を売って売上（S）にする〟という資金の流れは少なく、〝設備・備品（A）を使ってサービスを行い売上（S）にする〟という流れが主になっている。

Profit
利　益

　かかる費用の大半は人件費であり、その多くは売上原価に含まれる。ここで、売上原価額の対売上高比率が全業種より大幅に低く、販売費及び一般管理費額の対売上高比率が全業種より大幅に高くなっているのは、今回用いた〝洗濯・理容・浴場業〟の数値では、人件費が販売費及び一般管理費額に含まれている業種を含んでいるためと思われ、美容業で考えると人件費の多くは売上原価額に含まれるので、より全業種の数値に近づくと思われる。
　〝売上（S）の大半は人件費で利益率（P）はよい〟という流れになっている。

3　4列SWOT解説（定性分析）

4列SWOTチェック表（美容業）

OT		小項目	DASP関連性	SWチェック
低価格チェーン店の増加 海外ブランド店の増加 人口の減少 新規参入による競争激化	トップマネジメントレベル	1 全般マネジメント	DASP	□経営理念（ビジョン）があり、従業員に周知されているか？ □経営戦略が策定され、進捗状況が把握されているか？ □意思決定は迅速に行われ、従業員に浸透しているか？ □組織体制は整備され、連携が取れているか？ □権限委譲、職務分掌は十分にされているか？ □ITを積極的に利用し、取り入れられているか？ □法令順守などコンプライアンスは実行されているか？
少子高齢化 人材確保面で有利な局面 従業美容師数は増加傾向 賃金よりも福利厚生への需要増加		2 ヒューマンリソース・マネジメント	P	□定着率はよいか？ □モチベーションは保たれているか？ □適材・適所に人材が配置されているか？ □スキルアップのための教育は十分か？ □給与・賞与管理、評価制度は適切か？ □福利厚生は従業員が納得するレベルか？
国の資金繰り支援策 金利低下 金融機関の貸し渋り 株安		3 ファイナンス・マネジメント	DASP	□財務会計処理は毎月適切に行われているか？ □月々の資金は管理されているか？ □資金調達時の担保となるものがあるか？ □店舗別損益分析を行っているか？
施設数の増加 立地によって変化する客層への対応 ヘッドスパ機械などの進化		4 ファシリティ・マネジメント	A	□出店・撤退基準は明確か？ □既存店の立地条件はよいか？ □競合店は少なく競争条件は緩いか？ □顧客ターゲットに合った空間環境になっているか？
エステティック、ネイルケア等副業の増加 ニーズの多様化	ミドルマネジメントレベル（店長）	5 サービスメニュー	SP	□競合にはない差別化されたサービスはあるか？ □メニューは顧客に分かりやすく整理された構成になっているか？
少子高齢化 勤続年数の短縮化 福利厚生の改善による雇用増の可能性		6 スタッフ管理	P	□現場での客観的なスタッフ評価ができているか？ □コミュニケーションの仕組みは回っているか？ □教育体系が確立され、目標管理、効果測定は実施されているか？ □必要な人員を確保できているか？ □繁忙時に合った効率のよいスタッフシフトを組んでいるか？
低価格チェーン店の増加 稼働率を意識できない人材が多い 流行が多様化している		7 価格管理	SP	□競合と比べコスト競争力はあるか？ □店舗の採算性は良好ですか？ □顧客別損益分析を行っているか？
		8 スタッフ技術スキル	S	□スタッフの技術力は高いか？ □流行をキャッチアップしているか？
ニーズの多様化		9 スタッフ接客スキル	S	□接客スキルは高いか？ □顧客定着率は高いか？ □ITを活用した予約システムはあるか？ □クレーム対応はマニュアル化されているか？ □アフターサービスは十分か？
携帯電話やスマートフォン利用者拡大に伴う顧客管理システム等の普及 ツイッターやFacebookを利用したプロモーションの展開	現場レベル（スタッフ）	10 セールスプロモーション	S	□顧客の注文に沿った提案によるサービス付加はできているか？ □顧客ニーズを収集しデータベース化して提案に生かしているか？ □店内ポスター、POPなどによるインストアマーチャンダイジングはできているか？ □ITを活用した顧客情報管理、プロモーションはできているか？ □顧客の階層別に最適なプロモーションができているか？ □新規顧客開拓のためのプロモーションを行っているか？

① トップマネジメントレベル

　前述したとおり、美容業は参入障壁が低いため、施設数が増加し競争が激化している。低価格チェーン店や海外ブランドチェーンなど大手企業の進出も増加しているなか、自社のサービスコンセプトを明確にし、他社との違い

を出していくことがより重要になってきている。また、半径200m以内に3～4店舗が集中するケースが多く、いかに立地条件のよい場所に出店できるかということも非常に重要と思われる。

② ミドルマネジメントレベル（店長）

ニーズの多様化により、ネイルケア等の様々なサービスを行う店が増えており、他店との差別化を図るためのメニュー作りは重要な要素と思われる。また、低価格チェーン店も増加しており、価格競争に巻き込まれないためにも、近隣競合店との差別化を図る必要があると思われる。

③ 現場レベル（スタッフ）

サービス業のなかでも美容業は顧客と直接触れ合うサービスを行うため、スタッフのよしあしは他業種より重要度が高い。顧客はその店を気に入るというよりは、その美容師を気に入ってリピーターになる場合が多く、人気美容師になるほどその傾向は強い。美容師の人気は、技術力はもちろんのこと、会話力などの接客スキルや心遣いなど人柄によるところも大きく、タレント職といっても過言ではない。顧客は自分の気に入った美容師の提案で付随サービスを受けることも多く、付加価値を上げるためには美容師の提案力も非常に重要であると考えられる。

店内にはPOPやポスター、サンプルなどのプロモーションツールを顧客から見やすい位置に配置し、美容師自身によるプロモーションを補助するなどの工夫も大切であろう。また、既存顧客に対する定期的なDM、SNSなどによるプロモーション、新規顧客獲得のためのチラシ配りや割引キャンペーンなどの宣伝活動は必須と思われる。美容業においては店舗調査、地域調査と合わせて覆面調査で実際にサービスを受け、スタッフの各スキルを確かめSWOT項目をチェックして頂きたい。

4　事例説明

決算書（美容業L社）

【貸借対照表】　　　　　　　　　　　　（単位：千円）

		項目	金額
資産	流動資産	現金・預金	18,798
		受取手形	0
		売掛金	658
		有価証券	0
		商品・製品	1,720
		半製品・仕掛品	0
		原材料・貯蔵品	142
		その他の棚卸資産	0
		その他の流動資産	5,828
		計	27,146
	固定資産 有形固定資産	建物・構築物	20,000
		機械・装置	26,227
		工具・器具・備品	7,911
		土地	0
		建設仮勘定	0
		計	54,138
		無形固定資産	262
		投資等	14,345
		計	68,745
		繰延資産	384
		合計	96,275
負債・純資産	流動負債	支払手形	0
		買掛金	2,256
		短期借入金（年間返済長期借入金を含む）	0
		その他流動負債	16,038
		計	18,294
	固定負債	社債・長期借入金	65,956
		その他の負債	0
		計	65,956
	純資産	資本金	3,000
		資本剰余金	0
		利益剰余金	9,025
		計	12,025
		合計	96,275

【損益計算書】　　　　　　　　　　　　（単位：千円）

項目	金額
売上高	140,680
売上原価	31,760
売上総利益	108,920
販売費および一般管理費	109,991
（うち賃借料）	9,960
営業利益	△1,071
営業外収益	3,488
営業外費用	1,502
経常利益	915
特別利益	0
特別損失	0
税引前当期純利益	915
法人税等	576
当期純利益	339

◎スタッフの接客力が弱い

　Ｌ社は美容院を２店舗経営しており、１店はＸ駅前にあり、もう１店はＸ駅の隣駅前にある。従業員は２店舗合わせて34名である。２店舗とも人通りのよい立地ではあるが、両駅周辺にはそれぞれ６～７店の競合美容院がある。そのなかには美容院にネイルサロン・エステティックサロンを併設し高級感あふれる内装で１ランク上のサービスで話題となっている大手チェーン店がある。

　Ｌ社のサービス内容は、カット、パーマ、カラーリング、まつ毛パーマ、着付けなど標準的なもので、価格も標準的である。サービス提供後１週間以内は無料で直しができるアフターサービスを行っている。客層は10代～50代と幅広く、男性客も２割ほどいる。また、近年流行しているヘッドスパの設備を新規導入し、常連客の一部は複数回の利用している。

　社長のℓ氏はもともと有名店の美容師で、雑誌などに何度も取り上げられた、いわゆるカリスマ美容師であった。今から10年前、26歳の時に独立起業した。そのため、Ｌ社のスタッフのほとんどはℓ氏に憧れる技術志向の高い向上心のある若者であった。Ｘ駅前店の店長もそのひとりで、彼はすでにかつてのℓ氏のように雑誌にとり上げられるまでになっている。また、Ｌ社ではそのような向上心の高いスタッフのためのスキルアップ支援制度が充実している。昇給制度も技術ランクに応じたものになっている。

　しかし、長年勤務しているスタッフの技術力は高いものの、店内はいつも静かで、美容師と顧客の会話は弾んでいない。しかも、忙しい時間帯には来店した客が誰もいない受付でしばらく待たされるという状況が見られる。顧客の定着率は担当美容師によりかなり差があり、売上は伸び悩んでいる。また、ここ２～３年の間に新卒で入社したスタッフの定着率が低下しており、閉店後の練習を自発的に行う頻度も減ってきている様に感じている。

5　事例解説

DASP分析図（洗濯・理容・美容・浴場業－L社）

Assets

	額（千円）		構成比率（％）	
	洗濯・理容・美容・浴場業	L社	洗濯・理容・美容・浴場業	L社
流動資産	17,869	27,146	32.81	28.20
有形固定資産	27,912	54,138	51.25	56.23
無形固定資産	645	262	1.18	0.27
投資その他の資産	7,508	14,285	13.79	14.90

流動比率（％）　　97.36　148.39

Debt

	額（千円）		構成比率（％）	
	洗濯・理容・美容・浴場業	L社	洗濯・理容・美容・浴場業	L社
流動負債	18,353	18,294	33.70	19.00
固定負債	26,999	65,956	49.58	68.51
払込資本	6,144	3,000	11.28	3.12
利益剰余金	2,964	9,025	5.44	9.37

自己資本比率（％）　　16.72　12.49

Sales

	額（千円）		従業員数（人）	
	洗濯・理容・美容・浴場業	L社	洗濯・理容・美容・浴場業	L社
売上高	67,858	140,680	—	—
1人当たり売上高	5,901	4,138	11.5	34

総資本回転率（回）　　1.25　1.46

Profit

	額（千円）		対売上高比率（％）	
	洗濯・理容・美容・浴場業	L社	洗濯・理容・美容・浴場業	L社
売上原価額	22,378	31,760	32.98	22.58
販売費及び一般管理費額	45,139	109,991	66.52	78.19
営業外費用（一収益）額	-646	-1,986	-0.95	-1.41

売上高経常利益率（％）　　1.45　0.65

4列SWOT分析表（美容業L社）

OT		小項目	DASP関連性	S	W
低価格チェーン店の増加 海外ブランド店の増加 人口の減少 新規参入による競争激化	トップマネジメントレベル	1 全般マネジメント	DASP	店長は幅広く顧客ターゲットは絞られていない	明確な経営戦略がない 店長以外のポジションが不明確 客層は幅広く顧客ターゲットは絞られていない 社員に権限が集中している サービスコンセプトが曖昧
少子高齢化 人材確保面で有利な局面 従業美容師数は増加傾向		2 ヒューマンリソース・マネジメント	P	技術を身につけたい従業員のモチベーションが高い 従業員の定着率が良い 技術スキルアップの支援制度がある。 技術習得の練習のための補助がある	接客サービスの教育がほとんどされていない 技術ランク中心の給料・賞与・評価制度になっている 新卒入社の社員の離職率が上昇している
国の資金繰り支援策 金利低下 金融機関の貸し渋り 株安		3 ファイナンス・マネジメント	DASP	店舗別損益分析を行っている	
施設数の増加 立地によって変化する客層への対応 ヘッドスパ機械などの進化	ミドルマネジメントレベル	4 ファシリティ・マネジメント	A	2店舗とも駅前にあり人通りもよい ヘッドスパの機械を新規導入している	6～7店の競合店がある 出店・撤退の明確な基準はない
エステティック、ネイルケア等副業の増加 ニーズの多様化		5 サービスメニュー	SP		独自のメニューがない
少子高齢化 勤続年数の短縮化		6 スタッフ管理	P	技術的なレベルの管理を行っている	技術ランク中心の評価制度で社長が評価している 会議等が設定されていない 自主的な技術練習に頼っている
低価格チェーン店の増加		8 価格管理	SP		標準的な価格帯である
	現場レベル（スタッフ）	9 スタッフ技術スキル	S	スタッフの技術力が高い 流行の最新情報を常にチェックしている	
ニーズの多様化		10 スタッフ接客スキル	S	1週間以内は無料で直しができる	接客スキルが低い 客の定着率は担当美容師によりかなり差がある
携帯電話やスマートフォン利用者拡大に伴う顧客管理システム等の普及 ツイッターやFacebookを利用したプロモーションの展開		11 セールスプロモーション	S	PCを使用し顧客情報がデータ一ス化されている	積極的なサービス付加を行っていない 顧客ニーズのデータベース化を行っていない 店内POPがない HPはあるがそれ以外のITを活用したプロモーションは行っていない 誕生日にはがきを送付する以外のプロモーションを行っていない 駅前でのチラシ配り以外の新規顧客開拓を行っていない

◎スタッフへの教育による意識改革がポイント

　L社のDASP分析表を見ると、自己資本比率は業界標準値と比べ4.23ポイント低くなっており、借入に頼っていることがうかがえる。1人当たりの売上高は業界標準値と比べ1,763千円少なく、売上高経常利益率も業界標準値より0.8ポイント低くなっており、売上・利益はともに伸び悩んでいる状況である。L社の場合、社長や店長がマスコミに取り上げられ表向きは優良店と映る。しかし、人通りのよい場所に店舗を構えているものの、近隣に競合店が多いため、必ずしも立地条件がよいとはいえず、またこれといった戦略もなく顧客ターゲットも絞られていない。

　これまでのL社は、美容師の話題性と技術力を強みにここまで成長しているが、美容業では直接顧客と触れ合うスタッフの顧客に対するもてなしが非常に重要な要素であるにもかかわらず、スタッフの接客スキルが低く、教育に関しても技術面では充実しているものの、接客面では何も行われていない。

　プロモーションに関しても、顧客への提案力が低く積極性もない。4列SWOT分析表を見ると、現場スタッフの"顧客満足"と"プロモーション"は売上（S）に影響を及ぼす。経営者がスタッフの技術面以外の従業員教育にも注力することで、新卒入社のスタッフの定着率をあげることが見込まれる。従業員満足度が向上することでサービスレベルが向上し、顧客に対するサービス意識の変革を促すことが可能である。結果として、顧客定着率の改善を行い、売上増加を見込むことができる。また、L社のサービス内容は標準的なもので、独自のメニューが見受けられない。価格も標準的である。4列SWOT分析表では、"サービスメニュー"と"価格管理"は売上（S）と利益（P）に影響を及ぼす。L社には技術力の高い向上心のあるスタッフが揃っている。顧客満足度の高いサービスを取り入れて独自のメニューを構築し、付加価値を上げることで売上・利益向上を図る余地は十分にありそうである。

第13節 サービス業

1 業種俯瞰

① 分　　類

　日本標準産業分類におけるサービス業には、主として個人または事業所に対してサービスを提供する他の大分類に分類されない事業所が分類される。そのなかには、「廃棄物処理業」「自動車整備業」「機械等修理業」「職業紹介・労働者派遣業」「政治・経済・文化団体」「宗教」「外国公務」など様々な業種が含まれる。

　ここでは「自動車整備業」を分析する。また、「実態調査」においても"89　自動車整備業"の数値を用いた。

② 特　　徴

　自動車整備業の特徴は、以下のとおりである。

▶自動車整備業は中小、小規模企業が中心となっている。また、経営者の高齢化が進んでおり、後継者問題も大きな課題である。
▶自動車ディーラーなどの異業種企業が整備業を強化しており、専業整備業者の事業規模は縮小している。
▶近年では、フランチャイズ企業によるネットワーク化も活発になっている。
▶若者の車離れが顕著になっており、カーシェアリングサービスの市場が成

長している。これにともない、自動車の保有台数の減少傾向が続く見込みである。また、自動車の性能向上を背景に、自動車の保有期間は長期化する傾向がある。自動車整備業としては自動車関連サービスを複合させることで付加価値を提供することが求められるであろう。

▶使用年数が長期化している低年式車に対する点検整備の重要性が増しているなかで、依然として定期点検整備の実施率が低いことや、保有台数の減少は切実な問題となっている。

▶ハイブリッドカーや電気自動車の保有台数は増加傾向にあり、これらの自動車に対応する新技術を保有する必要がある。近年の自動車の特徴としては、電子制御装置が多用されており、スキャンツールの使用が必要不可欠になっている。平成26年時点でのスキャンツールの普及率は約40％になっており、今後は普及率も増加していくことが見込まれている。

▶自動車整備業界の整備士は高齢化傾向にあるとともに、自動車整備学校や大学校への入学者は大幅に減少している。人材を確保するためには、従業員満足度を向上させることが不可欠になっており、休日取得環境や従業員教育体制の整備などを行う必要がある。

サービス業

押さえておきたいポイント

- ☞中小、小規模企業が中心
- ☞経営者の高齢化、後継者問題
- ☞異業種企業が自動車整備業を強化
- ☞フランチャイズ企業によるネットワーク化

2 DASP解説（定量分析）

DASP分析図（全業種－自動車整備業）

Assets

	額（千円）		構成比率（%）	
	全業種	自動車整備業	全業種	自動車整備業
流動資産	146,877	31,140	54.37	49.06
有形固定資産	88,416	26,092	32.73	41.11
無形固定資産	2,020	627	0.75	0.99
投資その他の資産	32,065	5,528	11.87	8.71

流動比率(%)　　　　163.81　134.29

Debt

	額（千円）		構成比率（%）	
	全業種	自動車整備業	全業種	自動車整備業
流動負債	89,664	23,188	33.19	36.53
固定負債	79,894	24,468	29.57	38.55
払込資本	17,081	7,260	6.32	11.44
利益剰余金	83,515	8,559	30.91	13.48

自己資本比率(%)　　　37.24　24.92

Sales

	額（千円）		従業員数（人）	
	全業種	自動車整備業	全業種	自動車整備業
売上高	312,089	89,163	—	—
1人当たり売上高	20,532	12,738	15	7

総資本回転率(回)　　　1.16　1.40

Profit

	額（千円）		対売上高比率（%）	
	全業種	自動車整備業	全業種	自動車整備業
売上原価	235,661	54,941	75.51	61.62
販売費及び一般管理費	68,250	34,150	21.87	38.30
営業外費用（－収益）額	-1,662	-812	-0.53	-0.91

売上高経常利益率(%)　　3.15　0.99

(A)有形固定資産の構成比率が高い	(D)固定負債の構成比率が高い
(S)1人当たり売上高が低い	(P)販売費及び一般管理費額の構成比率が高い

Debt 負債

　流動負債の構成比率は、全業種より3.34ポイント高くなっている。自動車整備業の売上債権の回収期間、仕入債務の決済期間はともに他業より短い傾向で、業界全体の低迷による運転資金の増加が影響していると考えられる。また、設備資金の需要としては新増設への需要は少なく、既存設備の改修や装置購入のための需要が主である。自己資本比率は全業種より12.32ポイント低く、借入は全業種よりもやや多いということがうかがえる。

Assets
資 産

　流動資産の構成比率は全業種より5.31ポイント低くなっている。顧客からの支払は現金と短期売掛が主であり、入金サイトは1ヵ月程度になっている企業が多く、運転資金需要があまり多くないことや、原材料や商品として自動車部品、オイルなどの整備関連用品があるものの、整備サービス自体が主な商品であり、棚卸資産が非常に少ないためと思われる。また、有形固定資産の構成比率は全業種より8.38ポイント高く、これらの多くは整備のための設備・備品である。

Sales
売 上

　整備サービスによる売上が主になっているためか、従業員1人当たりの売上高は他業と比べ高くはなく、全業種と比べても7,794千円低くなっている。自動車整備業は中小、零細企業が中心となっていることも売上高が低い要因と考えられる。売上構成は業態により特徴があり、専業整備業者や兼業業者（カー用品、石油販売、保険、自動車販売の売上割合が50％以上の業者）の場合は車検の売上が高く、ディーラーの場合は整備部門の売上が高い。

Profit
利 益

　整備サービスによる売上が主になっているため、かかる費用の大半は人件費、自動車部品・オイルなどの整備関連用品や外注費である。売上高経常利益率は全業種より2.16ポイント低く、利益率はよくない。異業種企業参入で競争が激化しており、価格設定も苦しい状況であると考えられる。"少ない売上（S）から少ない利益（P）"という流れが見られる。

3　4列SWOT解説（定性分析）

4列SWOTチェック表（自動車整備業）

OT		小項目	DASP関連性	SWチェック
フランチャイズチェーン店の増加 若者の自動車離れ 人口の減少 異業種企業参入による競争激化 カーシェアリングが増加している エコカー減税・需要 ディーゼル排出ガス規制	トップマネジメントレベル	1 全般マネジメント	DASP	□経営理念（ビジョン）があり、従業員に周知されているか？ □経営戦略が策定され、進捗状況が把握されているか？ □意思決定は迅速に行われ、従業員に浸透しているか？ □組織体制は整備され、連携が取れているか？ □権限委譲、職務分掌は十分にされているか？ □ITを積極的に利用、または取り入れているか？ □法令順守などコンプライアンスは実行されているか？
少子高齢化 自動車整備学校の生徒数の減少 整備士の高齢化		2 ヒューマンリソース・マネジメント	P	□定着率はよいか？ □モチベーションは保たれているか？ □適材・適所に人材が配置されているか？ □スキルアップのための教育は十分か？ □給与・賞与管理、評価制度は適切か？ □福利厚生は従業員が納得するレベルか？
国の資金繰り支援策 金利低下 金融機関の貸し渋り 株安		3 ファイナンス・マネジメント	DASP	□財務会計処理は毎月適切に行われているか？ □月々の資金は管理されているか？ □資金調達策の担保となるものがあるか？ □店舗別損益分析を行っているか？
施設数の増加 設備投資の抑制 スキャンツールの普及率の増加	ミドルマネジメントレベル（店長）	4 ファシリティ・マネジメント	A	□出店・撤退基準は明確か？ □既存店の立地条件はよいか？ □競合店は少なく競争条件は緩いか？ □最新機器を導入しサービス向上に努めているか？
車検・点検以外の整備サービスの発展 ニーズの多様化		5 サービスメニュー	SP	□競合にはない差別化されたサービスはあるか？ □車検、定期点検、整備などのメニューの幅は広いか？ □メニューは顧客に分かりやすく整理された構成になっているか？ □パーツ販売、カー用品販売、中古車販売等で付加価値を向上しているか？
異業種企業参入による競争激化		6 価格管理	SP	□競合と比べコスト競争力はあるか？ □店舗の採算性は良好か？ □顧客別損益分析を行っているか？
ニーズの多様化 電子制御車の増加 SUV車の流行	現場レベル（スタッフ）	7 顧客満足	S	□スタッフの技術力は高いか？ □接客スキルは高いか？ □顧客が納得する施工がされているか？ □顧客定着率は高いか？ □クレーム対応はマニュアル化されているか？ □アフターサービスは十分か？
ITの普及 SNSの普及 体験型イベントの増加		8 プロモーション	S	□顧客の注文に沿った提案によるサービス付加はできているか？ □顧客ニーズを収集しデータベース化して提案に生かしているか？ □地域に根付いたプロモーションを行っているか？ □ITを活用した顧客情報管理、プロモーションはできているか？ □顧客の階層別に最適なプロモーションができているか？ □新規顧客開拓のためのプロモーションを行っているか？

① トップマネジメントレベル

　車両法改正による規制緩和以来、様々な異業種企業が参入し競争が激化している。しかも、国内人口減少や若者の車離れにより自動車保有台数が減少し、自動車整備需要も減少が見込まれるなか、自社を特徴化・個性化して位置付けを確立し、顧客から選ばれる事業者になることが重要であると考えられる。また、板金塗装におけるVOC規制（揮発性有機化合物の排出規制）な

どの法令順守や環境対応も今後の重要な課題である。立地条件としては、交通量の多い道路沿いか自動車保有率の高い住宅地がよいと思われる。

② ミドルマネジメントレベル(店長)

競争が激化するなか、特に車検や点検サービスの価格低下が進んでおり、整備関連サービスや特殊な作業など車検・点検以外のサービスメニューを幅広く行うことで利益を上げることが求められる。また、パーツ販売、カー用品販売、中古車販売や保険などの手数料収入を上げることも重要な戦略となる。

③ 現場レベル（スタッフ）

整備士の技術力は非常に重要であるが、近年は自動車のコンピュータ制御が進み、多くのセンサーや電装品が搭載されており、見た目では故障個所の判断が難しくなってきている。故障診断機などの最新機器を導入しサービス向上に努めることも求められる。もちろん、顧客とのコミュニケーションにより的確な施工を行い、顧客の納得するサービスを提供することも重要である。また、ITを活用した整備関連情報の収集や、業務管理システムを活用し業務の効率化を図ることもサービス向上には重要であると思われる。

4 事例説明

決算書（自動車整備業M社）

【貸借対照表】 (単位：千円)

項目			金額
資産	流動資産	現金・預金	12,630
		受取手形	442
		売掛金	4,642
		有価証券	43
		商品・製品	3,201
		半製品・仕掛品	52
		原材料・貯蔵品	686
		その他の棚卸資産	36
		その他の流動資産	3,620
		計	25,352
	固定資産	有形固定資産 建物・構築物	7,322
		機械・装置	3,995
		工具・器具・備品	2,397
		土地	7,336
		建設仮勘定	0
		計	21,050
		無形固定資産	309
		投資等	3,469
		計	24,828
	繰延資産		62
	合計		50,242
負債・資本	流動負債	支払手形	665
		買掛金	1,960
		短期借入金(年間返済長期借入金を含む)	8,518
		その他流動負債	4,348
		計	15,491
	固定負債	社債・長期借入金	18,362
		その他の負債	947
		計	19,309
	資本	資本金	13,000
		資本剰余金	86
		利益剰余金	2,356
		計	15,442
	合計		50,242

【損益計算書】 (単位：千円)

項目	金額
売上高	56,309
売上原価	44,634
売上総利益	11,675
販売費および一般管理費	11,592
営業利益	83
営業外収益	1,426
営業外費用	701
経常利益	808
特別利益	365
特別損失	368
税引前当期純利益	805
法人税等	349
当期純利益	456

◎営業力が弱い

　М社は創業40年、従業員4人の自動車整備業者で、交通量の多い道路には面していないが比較的住宅の多い場所に整備場がある。社長は今年69歳になり、従業員の平均年齢は51歳と社内の高齢化が進んでいる。社長には息子が2人いるが、2人とも別の職業に就いており、父の会社を継ぐ予定はない。

　М社は車検・点検を主に行っているが、従業員の技術力は高く板金塗装や車のカスタマイズなど自動車に関することならひととおりこなすことができる。М社の福利厚生は充実していないが、社長の人柄で車好きが集まり長く働いているという状況である。熱心な対応、丁寧な仕事で昔からのお得意様が多く、なかには創業時からの顧客もいる。

　そんなМ社の近隣に、5年ほど前、大手カー用品店が進出してきた。そのカー用品店は広い敷地に豊富な品を揃え、駐車スペースも広くとられている。しかも車検からキズ直し、コーティング処理、洗車など幅広いサービスを低価格で提供している。一方、М社の方は最新設備の導入が遅れており、自社の設備では対応できないものは外注に出している。また、カー用品販売や中古車販売なども行っていない。М社の社員は皆技術者といった雰囲気で、営業が苦手であり、プロモーション活動はこれといって行われておらず、新規顧客は年々減っている。価格に関してはもともと良心的に設定されているのに加え、顧客と意気投合するとその場の気分で値引きしてしまうこともある。

　これまで40年続いてきたМ社であるが、昨今の自動車不況、エコカー減税などで増加傾向にあるハイブリッド車のような技術革新のスピードの加速など、車を取り巻く環境はこれまでにない変化を見せているなか、従来の町の整備場というスタイルでは今後の先行きが見えない状況である。

サービス業

5 事例解説

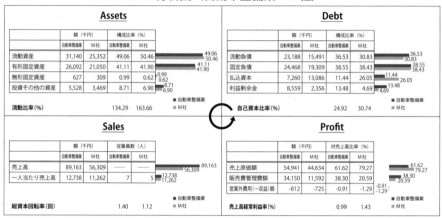

4列SWOT分析表（自動車整備業M社）

OT		小項目	DASP関連性	S	W
フランチャイズチェーン店の増加 若者の自動車離れ 人口の減少 異業種企業参入による競争激化 カーシェアが普及し始めている エコカー減税・需要 ディーゼル排出ガス規制	トップマネジメントレベル	1 全般マネジメント	DASP		VOC規制（揮発性有機化合物の排出規制）など環境への対応が遅れている IT利用に消極的
少子高齢化 人材確保面で有利な局面 自動車整備学校の生徒数の減少 整備士の高齢化		2 ヒューマンリソース・マネジメント	P	定着率が良い 車好きの社員が集まっており仕事への情熱は高い	福利厚生はあまり充実していない 社員の高齢化が進んでいる
国の資金繰り支援策 金利低下 金融機関の貸し渋り 株安		3 ファイナンス・マネジメント	DASP		財務会計処理は毎月行われておらずいいかげんである 月々の資金計画がされていない
施設数の増加 設備投資の抑制 スキャンツールの普及の増加		4 ファシリティ・マネジメント	A		近くに大手カー用品店がある 店は交通量の少ない通りにある 最新機器の導入が遅れている
車検・点検以外の整備サービスの発展 ニーズの多様化	ミドルマネジメントレベル	5 サービスメニュー	SP	車検、整備関連のサービスはひととおり何でも行える	独自のメニューは特にない 車検、整備以外のサービス、物品販売が充実していない
異業種企業参入による競争激化		8 価格管理	SP		価格設定はどんぶり勘定で決めている
ニーズの多様化 電子制御車の増加 SUV車の流行	現場レベル	9 顧客満足	S	ベテラン整備士ばかりで技術力が高い 顧客の要望を細部まで取り入れ顧客満足度は高い 昔からのお得意様が多い	
ITの普及 SNSの普及 体験型イベントの増加		12 プロモーション	S		皆営業が苦手であり、プロモーションもほとんど行われていない ITを活用した顧客管理、プロモーションが行われていない

◎営業のできる人材の育成がポイント

　M社の財務諸表とDASP分析を見ると、自己資本比率は業界標準値より5.82ポイント高くなっており、現預金の割合も多く現在は借入に頼っていないことがうかがえる。1人当たり売上高は1,476千円少ない。売上高経常利益率は業界標準値より0.44ポイント高くなっているが、売上・利益はともに伸び悩んでいる状況であることが分かる。

　M社の場合、サービスメニューや整備以外の事業が充実していないこと、営業力不足などの弱みがあるが、4列SWOT分析表を見ると、これらに該当する項目、"サービスメニュー"、"プロモーション"は売上（S）や利益（P）に影響する項目であることが分かる。また、最新機器の導入が遅れ、それが原因で自社での施工が行えず外注に出すこともあるという状況である。ファシリティ・マネジメントは資産（A）に関るが、M社の場合、有形固定資産の構成比率は業界標準値より低くなっており、総資本回転率も0.28ポイント低いことから、現状では過利な設備はなさそうであるので導入を考える余地はありそうである。

　売上と利益を上げるには、多少の借入をしても新しい設備を導入し、サービスの幅を広げたり、営業・プロモーションに力を入れるといった総合的な試みが必要と思われる。また、4列SWOT分析表で、"ヒューマンリソース・マネージメント"は利益（P）に関係している。最新機器を使いこなせてフットワークも軽い若い営業担当者を採用することもよいであろう。

サービス業

第14節 医療、福祉業

1　業種俯瞰

①　分類

　日本標準産業分類における医療、福祉業には、医療、保健衛生、社会保険、社会福祉および介護に関するサービスを提供する事業所が分類される。

　医療業とは、医師または歯科医師等が患者に対して医業または医業類似行為を行う事業所およびこれに直接関連するサービスを提供する事業所をいう。

　保健衛生とは、保健所、健康相談施設、検疫所（動物検疫所、植物防疫所を除く）など保健衛生に関するサービスを提供する事業所をいう。

　社会保険・社会福祉・介護事業とは、公的年金、公的医療保険、公的介護保険、労働災害補償などの社会保険事業を行う事業所および児童、老人、障がい者などに対して社会福祉、介護等に関するサービスを提供する事業所をいう。

②　外部環境の変化

　ここでは「医療、福祉業」を分析する。医療業および保健衛生業（以下、医療業）を取り巻く経営環境はここ数年で大きく変化している。その背景には次の3点が挙げられる。

　(a)　少子高齢化社会の進展

　少子高齢化の進展は疾病構造の変化をもたらし、産婦人科、小児科等への

直接的な影響だけでなく、高齢者医療や介護の増加など医療業全体に大きな影響を与えている。

(b) 増大する医療費

日本の医療費は2045年には45兆円に達すると推計され、その抑制は政府の医療制度改革のなかで進められているが依然として増大し続け、今後の医療業の経営に影響を与える問題点のひとつである。

(c) 医療制度改革

医療制度の改革によって患者（国民）の自己負担率の引上げ、健康保険料の引上げに続き、大幅な診療報酬、薬価の見直し・引下げといった医療費抑制策が中心となっている。診療報酬の大幅な引下げは医療業の収入に大きな影響を与えており、今後の医療業の経営環境はますます困難な状況となってきている。

③ 業界動向

(a) 医　　療

厚生労働省によると、医療施設などの市場規模は全体的にみると減少傾向にある。施設別にみると、病院数および診療所は減少傾向にある。全国の医師数は増加傾向にある一方で、新医師臨床研修制度の影響で地方での医師の数が不足する問題を抱えている。

厚生労働省によると、国民医療費は増加傾向にある。口コミ等のほか、インターネット、SNSなどの発達により、患者がホームページなどで評判を確認する傾向が強くなっている。

今後の展望としては、医療保険財政が悪化するなかで医療の質を高め、どのように患者から選んでもらえるかという点を強化する必要がある。個別の問題に目を向けると、後継者問題によるM＆Aの増加なども考えられる。

(b) 福　　祉

日本の高齢化は急速に進んでおり、家族だけで高齢者を支えていくことは

困難な状況である。また、高齢化とともに少子化も進行しており、社会全体として高齢者を支援する場としての介護施設の需要が増加傾向にある。介護老人施設には大きく分けて、入所サービス、短期入所サービス、通所リハビリテーションの3つが存在する。いずれのサービスも介護保険の対象となっており、介護報酬は3年ごとに改定されるため、厚生労働省の動向に注意を払う必要がある。

押さえておきたいポイント

- ☞ 少子化と高齢化社会
- ☞ 増大する医療費問題
- ☞ 医療制度改革
- ☞ 口コミ等による集客の必要性

2　4列SWOT解説（定性分析）

4列SWOTチェック表（医療福祉業）

OT		小項目	DASP関連性	SWチェック
社会保障費の増大（医療費増大） 医療法改正 医学部定員増加 医療制度改革推進と失敗 人口減少 高齢化社会 出生率低下（少子化） 医療事故・訴訟の増加	ト ッ プ マ ネ ジ メ ン ト レ ベ ル	1 全般マネジメント	DASP	□経営理念（ビジョン）や経営計画があり、組織末端のスタッフにまで十分に周知されているか？ □ビジョン・経営計画に基づく具体的な経営戦略および行動計画があるか？ □経営計画は、経営戦略との整合性、全体計画と部門計画、部門計画相互間の整合性が確保されているか？ □意思決定は迅速に行われ、従業員に浸透しているか？ □計画と実績との差異分析およびその分析結果による軌道修正が適宜行われているか？ □組織体制は整備され、その組織間の連携がうまく取られているか？ □ITを積極的に利用、または取り入れているか？ □医療事故や院内感染等のリスクマネジメントが行われているか？ □法令順守などコンプライアンスは実行されているか？
慢性的医師不足（過疎地） 慢性的な看護士・技術者不足 権限移譲による動機付けの可能性 外部研修サービスの増加		2 ヒューマンリソース・マネジメント	P	□ヒューマンリソースマネジメントは経営戦略を実現するためのものであると認識しているか？ □人事計画はコスト面だけでなく、戦略実現のためにどのような人材が必要かという側面からも検討しているか？ □賃金制度や役割等級制度、役職制度、評価制度等がトータルシステムとして機能しているか？ □業績や患者満足度等を目標として人的スキルの向上施策（セミナー等）に取り組んでいるか？ □管理職としての適正を重視したうえで年功や情実を排した実力主義が導入されているか？ □権限委譲、職務分掌は十分にされているか？ □多様な従業員と多様な仕事を管理するために適材適所に人材が配置されているか？ □モチベーションの向上等のメンタルケアを組織として行っているか？ □自らの専門領域にこだわらない組織の一員として協力し合うチームワークは醸成されているか？ □福利厚生は従業員が納得するレベルか？
診療報酬体系見直し 薬価見直し 金融不安（貸し渋り・貸し剥がし） 医療機器の高額化 介護保険制度の見直し 政府の緊急経済対策		3 ファイナンス・マネジメント	DAP	□病院会計準則に基づいて財務諸表を作成しているか？ □財務諸表を分析し、業界平均等との差異分析等行っているか？ □経営計画に基づく予算を作成し、実績差異等の分析を行っているか？ □資金繰り計画・実績表を作成し、キャッシュフロー経営を念頭に経営管理を行っているか？ □資金調達時の担保となるものがあるか？ □部門別・診療科目別・病症別損益管理を行っているか？
介護施設不足 病院の減少（医師不足・赤字閉鎖） 診療所の増加 株式会社による医業経営の検討 立地とニーズにズレがある可能性		4 ファシリティ・マネジメント	DA	□新規開設および閉院基準は明確か？ □最新の診療圏需要、競合医療機関の情報に基づいて設備・機器の投資計画が立案されているか？ □設備・機器等の導入計画に関して医療収入予測を代替案なども含めて検討し、所有やリースの手法も検討したか？ □医業経営における情報システムの重要性を理解し、有用な情報システム構築に努めているか？ □既存の施設（医院・病院等）の立地等の諸条件はよいか？ □医療用薬品等の在庫は適正に管理されているか？ □患者のニーズに合った環境を整備することに組織として取り組んでいるか？
予防医学の推進 第三者機関の評価 疾病構造の変化（生活習慣病の増加）	ミ ド ル マ ネ ジ メ ン ト レ ベ ル	5 診療・サービス	SP	□他院にはない差別化された診療・サービスが提供されているか？ □診療科目別、病症別の利益等を意識していますか □診療科目やサービスは顧客に分かりやすく利用しやすいようになされているか？
医師・看護婦等の定着率の低下 医師・看護婦等の人的流動化		6 スタッフ管理	P	□現場での客観的なスタッフ評価ができているか？ □コミュニケーションが円滑に行われるような施策をとっているか？ □教育体系が確立され、目標管理、効果測定は実施されているか？ □必要な人員を確保できているか？ □効率のよいスタッフシフトを組んでいるか？
医療への不信感				□受付→診療→検査→薬局→会計等のサービス一連の流れが有機的に連携しているか？ □受付→診療→検査→薬局→会計→予約の各面待ち時間を常に改善しているか？

サービスで選定する顧客の増加 顧客離反の可能性	現場レベル	7 患者満足度（人的サービス）	S	□医業がどのサービスの局面においても個別対応であることを理解して対応しているか？ □補助サービス部門であるスタッフも患者サービス向上を意識して活動しているか？ □看護師や病院職員の患者への対応スキルは高いか？ □主治医が頻繁にかわったり、未熟な非常勤医師が多かったりしないか？ □つけ届け等は要求しない・受け取らないと全職員に対して指導しているか？ □苦情処理の対応はきちんとマニュアル化され、予防や対処方法に生かされているか？
医療技術の高度化/専門化 医療機器の発展 新薬の開発 IT技術の発展（電子カルテ・レセプト）		8 患者満足度（技術的サービス）	S	□最新の治療方法・技術を常にキャッチアップして患者に対応しているか？ □最新の検査医療機器が常に検討され、また実際に導入しているか？ □医師の学会参加や論文発表等の研究を理解し技術向上に取り組んでいるか？ □カルテ・X線写真・検査データなどのデータのコピーなどを快く患者さんへ渡しているか？ □治療や処方箋の内容の説明等を文書で患者さんにお渡しできる体制ができているか？ □治療計画表（クリニカルパス）が導入されているか？ □セカンドオピニオンに対応しているか？
患者のニーズの多様化 WEB予約を導入する企業の増加		9 患者満足度（設備的サービス）	S	□ITを活用した予約システムはあるか？ □医療設備の更新は定期的に行われているか？ □病院内やトイレは常に清潔に管理されているか？ □病院内の案内は初めての方にもわかり易く、また相談窓口等も用意されているか？ □病室はベットの間隔等に余裕があり、また付帯設備も整備されているか？ □入院患者と来院者が対応できる施設などがあるか？ □寝台や車椅子などが楽に行き来できるような施設になっているか？ □食事が充実していて健常者等も楽しめる設備・メニューとなっているか？

① トップマネジメントレベル

　医療法や医師法の法改正、医療制度改革による診療報酬引下げ、医療訴訟の増加など医療業を取り巻く環境は年々厳しさを増すばかりである。株式会社による医療業経営が検討されているように、異業種の算入による競争激化も予想され、マネジメントスキルのない医業経営者は退場を迫られるであろう。特に、近年は顧客の病院を選ぶ目が肥えてきているといえ、自院の立ち位置を把握し、目指すべきビジョンを明確にして、全院的に共有することが求められる。医業経営者は、少子高齢化の問題や「入院から在宅へ」「対処療法から予防医学・健康診断へ」の医療費抑制政策等の大きな流れも考慮しなければならない。また、質の高い医療を提供するためには医師・看護婦等の専門職員を確保が必要不可欠である。個人別の能力連動型の評価制度の導入、従業員教育制度の構築によって、従業員満足度と患者満足の両方を高めることが重要である。そのうえで法令順守を重視し、利益を追求する取組み

を行う必要があるだろう。

② ミドルマネジメントレベル

　医療業においても人材の流動化による診療サービスの低下が見られる。特に流動化しやすい専門技術を持った医師・看護士とはお互いのコミュニケーションおよび個人レベルでの教育・評価に重点をおいて取り組む必要があろう。また、今後は診療科目別や病症別の原価管理等の経営数値の管理も必要となる。

③ 現場レベル

　今や医療業は患者から選別される時代であると認識する必要がある。そのためにはマネジメントレベルから現場レベルまでのすべての階層で患者満足度向上を意識した取組みが必須であろう。公正な第三者機関の評価等を利用しながら待ち時間短縮や、3分診療の改善、医療施設の改善等、患者が何を望んでいるかということをハードソフト両面から改革・改善を進めるのが大切であろう。

3 事例説明

◎パートナー医師の採用が困難

　医療法人N（以下、N）は設立3年目、従業員8人の産婦人科系医院で、非常に交通量の多い道路に面しており、最寄駅からも徒歩圏内の都市中心部にある。院長は今年50歳で、某私大医学部を卒業後、都内の規模の大きな病院で20年程勤めて独立した。スタッフはすべて女性で看護師（常勤・非常勤を含めて）を5名、事務系を3名おいている。院長には娘がいるが別の職業に就いており、医院を継ぐ意思はない。

　院長の医療技術は高く、またコミュニケーションスキルも高いことから患者、スタッフの評判もよく業績は右肩上がりで好調である。また、院長はNを開設する前に経営者として他の医院の院長を経験しており、計数管理や人的管理もひととおり経験していた。

　Nの開設以来、休みもろくにとらずに院長一人で診療、治療を行ってきた。Nの収入は婦人科診療が5割、手術が5割であり、手術はほとんどが人工中絶手術で自由診療であり、収入に占める自由診療の割合は7割にもなる。開設時に産科の併設も検討したが、出身大学病院や提携病院への紹介で対応することとした。売上は順調に推移しているものの売上げを左右する手術件数は毎月まちまちで、不安定であった。診療は完全予約制を導入しているが、患者満足をポリシーとすると1日20人前後が限界であり、これ以上の診療での収入増を見込むのは難しそうである。手術以外の自由診療収入を検討して臨床検査等も検討している。

　今後、医業経営の厳しい環境、自身の体力や事業の継承の問題もあり、自らの思いを共有できる医師のパートナーを見つけたいと考えているがなかなか見つからず、日々の診療に追われる毎日である。

4　事例解説

4列SWOT分析表（医療業）

OT		小項目	DASP関連性	S	W
社会保障費の増大（医療費増大） 医療法改正 医学部定員増加 医療制度改革推進と失敗 人口減少 高齢化社会 出生率低下（少子化） 医療事故・訴訟の増加	トップマネジメントレベル	1 全般マネジメント	DASP	経営理念が示されていて浸透しているい 院長によるトップダウン経営が行われている 技術方・事務方それぞれに信頼できる責任者がいる IT化を推進し、最新設備を導入している	具体的な経営計画がない 具体的な経営計画がない 計画・実行のPDCAができていない 経営全般に対するリスクマネジメントが行われていない 院全般としてマネジメントできていない
慢性的医師不足（過疎地） 慢性的看護士・技術者不足 権限移譲による動機付けの可能性 外部研修サービスの増加		2 ヒューマンリソース・マネジメント	P	人的資源の重要性を院長が認識している 各責任者・院長によるOJTが行われている 実力主義・実績主義を導入している 従業員同士のコミュニケーションが非常に盛ん	コスト面を重視しすぎることがある 評価制度がない 権限・責任が不明確 人数不足による仕事 特に取り組んでいない 小規模診療所のため福利厚生がない
診療報酬体系見直し 薬価見直し 金融不安（貸し渋り・貸し剥がし） 医療機器の高額化 介護保険制度の見直し 政府の緊急経済対策		3 ファイナンス・マネジメント	DAP	病院会計準則に基づいて財務諸表を作成している	業界、診療科別等の分析等を行っていない 予算管理を行っていない キャッシュフロー、資金繰りに対する意識が弱い 賃貸、リースを中心としていて担保物件を持たない 病症別損益管理を行っていない
介護施設不足 病院の減少（医師不足・赤字閉鎖） 診療所の増加 株式会社による医業経営の検討		4 ファシリティ・マネジメント	DA	最新医療設備・機器情報を常に収集している IT化を推進し、最新設備を導入している 繁華街・駅に近い 女性に優しい診療環境を念頭に取り込んでいる	基準が不明確 検討していない 在庫管理が業者の担当者まかせである
予防医学の推進 第三者機関の評価 疾病構造の変化（生活習慣病の増加）	ミドルマネジメントレベル	5 診療サービス	SP	広告宣伝に力を入れている 独自のメニューがないが、診療科として優位性がある	意識しているが数値管理を行っていない
医師・看護婦等の定着率の低下 医師・看護婦等の人的流動化		6 スタッフ管理	P	朝礼・会議を習慣的に行っている 優秀なスタッフを少数精鋭で確保できている	院長からの一方向評価になっている 教育体系が確立されていない 少人数の為緊急時に対応しきれない
医療への不信感 サービスで選定する顧客の増加 顧客離反の可能性		7 患者満足度（人的サービス）	S	完全予約制を導入して待ち時間を軽減している スタッフひとりひとりに院長の重いが伝わっている 診療・治療はすべて院長の対応	問い合わせが多く対応しきれていない部分がある 事務方でも、中に患者サービスへの意識が弱い者が多い マニュアル化されておらず、その場の対応となっている
医療技術の高度化/専門化 医療機器の発展 新薬の開発 IT技術の発展（電子カルテ・レセプト）	現場レベル	8 患者満足度（技術的サービス）	S	最新情報を常にキャッチアップしている 最新の医療機器を導入している 定期的に学会・研究会への参加している 中核病院とも提携し、即時対応体制がとられている 患者の要望の前に文書でお伝えしている 治療計画表に沿って治療を行っている	
患者のニーズの多様化 WEB予約を導入する企業の増加		9 患者満足度（設備的サービス）	S	携帯・パソコンによる予約システムを導入している 積極的に行われている 院内すべてが清潔に保たれている 受付にベテランがおり対応も非常にスムーズ	入口付近が狭く、寝台や車椅子の対応に難がある

医療、福祉業

◎**病床別損益管理なども必要**

　医療法人N（以下、N）のDASP分析を見てみると、自己資本比率は業界標準値より9.37ポイント低く、利益剰余金の構成比率は18.09ポイントも低い。設立3年目でまだまだ利益の積み上げが少ないという理由のほか、継承者がいないこと、医療法人が利益配当できないことや医療法改正により新しい医療法人制度が導入されたことなどを理由に内部留保をしない経営方針であるとも考えられる。これらのことは院長への報酬や保険料で外部に退職金積立等を行っているかということなどでおおよそ検討がつく。資産（A）に目を移すと有形固定資産の構成比率が26.02ポイントも業界標準値と比較すると小さい。しかし、医療機器設備の購入はリース取引も多く、販売費及び一般管理費でのリース料も確認する必要があるだろう。4列SWOTからNが医療設備の多くをリースに頼っていることがわかる。

　さらに4列SWOTと合わせて売上高（S）を検討すると、Nの売上高を見れば業界標準値と比較して事業規模が小さいのは明白であるが、医師1人＋αではほぼ限界に近い売上であると思われる。医療法人として院長1人に頼った経営はリスクが大きい。院長に、明確な経営理念があり、人望もあることから今後は院長の経営理念を共有できる後継者育成を念頭に、分院の設立や他科の設置の検討を行う必要があろう。これによりITによる予約システムも十分に機能して売上高（S）の大幅向上が期待できる。逆に、これら分院の設立等の背策は医師・看護婦の新たな確保、人事評価の制定などのヒューマンリソースマネジメントが要求され、現在弱み（W）となっている病症別損益管理や診療科別損益管理などの計数管理も必須となることを考慮しなければならない。

　今後は少子高齢化に対する行政の対策をにらみつつ、長期的計画と具体的な短期計画を立てたうえで、PDCAのサイクルを回しながら常に顧客満足度と利益を意識した経営が望まれる。

第3章

参考資料

第1節 DASP－4列SWOT分析に使用するフォーマットについて

　DASP－4列SWOT分析に使用する図表のフォーマット（エクセルファイル）は、株式会社ブレインコンサルティング（クリエイティブ会計グループ）のホームページからダウンロードすることができる。

　DASP分析図フォーマットは、貸借対照表と損益計算書の数値を入力することにより自動的に生成されるしくみになっている。分析したい企業の数値と比べたい数値を入力する。

　4列SWOT分析表フォーマットには、分析したい企業について、"小項目"欄、および"SWチェック"欄を作成する。また、"OT"欄には分析したい企業に関係する外部環境｛機械（O）と脅威（T）｝を入力する。そして、ヒアリングにより導いた各小項目についての企業の｛強み（S）と弱み（W）｝を入力する。

　※　株式会社ブレインコンサルティング　http://www.braincon.co.jp/
　　　ホームページ

第2節
平成27年中小企業実態基本調査(平成26年度決算実績)速報に基づく業界標準値

1．本書で使用した標準値について

　本書では、DASP分析を行うための標準値として、中小企業庁2016年3月29日公表「平成27年中小企業実態基本調査（平成26年度決算実績）速報」（以下「実態調査」と記載）の結果を加工したデータを使用している。このデータが、損益計算書・貸借対照表の実数を標準値として使用できること、現在も毎年公表が継続されていることなどが本書で使用した理由である。

　実態調査では様々な統計数値が公表されているが、本書では以下のデータを標準値として使用した。

　■損益計算書（P/L）データ

　実態調査中の、2.売上高及び営業費用→(2)産業中分類別表→1）法人企業の数値を1企業当たりの数値に加工したもの※

　■貸借対照表（B/S）データ

　実態調査中の、3.資産及び負債・純資産（法人企業）→(2)産業中分類別表の数値を1企業当たりの数値に加工したもの※

　注）端数は四捨五入している。

　本章では、以後、これらのデータを掲載する。第2章で事例として取りあげていない中分類のDASP分析を行う際に使用してほしい。また、本書では取りあげていないが、DASP分析（「森」の分析）を行った後、より詳細な実数分析・比率分析（「木」の分析）を行う際にもこのデータを使用することができる。

標準値目次

大分類	中分類	ページ数 P/L	B/S
大分類D 建設業	06 総合工事業	164	178
	07 職別工事業(設備工事業を除く)	164	178
	08 設備工事業	164	178
大分類E 製造業	09 食料品製造業	165	179
	10 飲料・たばこ・飼料製造業	165	179
	11 繊維工業	165	179
	12 木材・木製品製造業(家具を除く)	165	179
	13 家具・装備品製造業	165	179
	14 パルプ・紙・紙加工品製造業	165	179
	15 印刷・同関連業	166	180
	16 化学工業	166	180
	17 石油製品・石炭製品製造業	166	180
	18 プラスチック製品製造業(別掲を除く)	166	180
	19 ゴム製品製造業	166	180
	20 なめし革・同製品・毛皮製造業	166	180
	21 窯業・土石製品製造業	166	180
	22 鉄鋼業	167	181
	23 非鉄金属製造業	167	181
	24 金属製品製造業	167	181
	25 はん用機械器具製造業	167	181
	26 生産用機械器具製造業	167	181
	27 業務用機械器具製造業	167	181
	28 電子部品・デバイス・電子回路製造業	167	181
	29 電気機械器具製造業	167	181
	30 情報通信機械器具製造業	168	182
	31 輸送用機械器具製造業	168	182
	32 その他の製造業	168	182
大分類G 情報通信業	37 通信業	169	183
	38 放送業	169	183
	39 情報サービス業	169	183
	40 インターネット附随サービス業	169	183
	41 映像・音声・文字情報制作業	169	183
大分類H 運輸業,郵便業	43 道路旅客運送業	170	184
	44 道路貨物運送業	170	184
	45 水運業	170	184
	47 倉庫業	170	184
	48 運輸に附帯するサービス業	170	184
	49 郵便業(信書便事業を含む)	170	184

標準値目次

大分類	中分類	ページ数 P/L	ページ数 B/S
大分類I 卸売業, 小売業	50 各種商品卸売業	171	185
	51 繊維・衣服等卸売業	171	185
	52 飲食料品卸売業	171	185
	53 建築材料, 鉱物・金属材料等卸売業	171	185
	54 機械器具卸売業	171	185
	55 その他の卸売業	171	185
	56 各種商品小売業	172	186
	57 織物・衣服・身の回り品小売業	172	186
	58 飲食料品小売業	172	186
	59 機械器具小売業	172	186
	60 その他の小売業	172	186
	61 無店舗小売業	172	186
大分類K 不動産業, 物品賃貸業	68 不動産取引業	173	187
	69 不動産賃貸業・管理業	173	187
	70 物品賃貸業	173	187
大分類L 学術研究, 専門・技術サービス業	72 専門サービス業(他に分類されないもの)	174	188
	73 広告業	174	188
	74 技術サービス業(他に分類されないもの)	174	188
大分類M 宿泊業, 飲食サービス業	75 宿泊業	175	189
	76 飲食店	175	189
	77 持ち帰り・配達飲食サービス業	175	189
大分類N 生活関連サービス業, 娯楽業	78 洗濯・理容・美容・浴場業	176	190
	79 その他の生活関連サービス業	176	190
	80 娯楽業	176	190
大分類R サービス業(他に分類されないもの)	88 廃棄物処理業	177	191
	89 自動車整備業	177	191
	90 機械等修理業(別掲を除く)	177	191
	91 職業紹介・労働者派遣業	177	191
	92 その他の事業サービス業	177	191

2．損益計算書（P/L）データ

(単位：千円)

調査事項	全業種	建設業 計	06 総合工事業	07 職別工事業（設備工事業を除く）	08 設備工事業
従業者数(人)	15	10	11	8	10
売上高	312 089	245 695	304 507	165 055	187 411
売上原価	235 661	**196 713**	**251 482**	**126 838**	**136 891**
商品仕入原価	121 269	16 703	13 877	18 383	21 838
材料費	31 906	31 758	41 333	19 667	21 167
労務費	21 426	20 658	22 604	15 615	21 249
外注費	32 873	98 954	136 430	54 464	54 490
減価償却費	3 050	2 290	2 584	2 542	1 302
その他の売上原価	25 136	26 350	34 654	16 167	16 845
売上総利益	76 428	48 981	53 025	38 217	50 520
販売費及び一般管理費	68 250	**41 975**	**45 421**	**32 961**	**43 118**
人件費	31 024	21 372	22 738	16 152	23 575
地代家賃	4 014	1 573	1 562	1 332	1 857
水道光熱費	1 493	513	586	402	453
運賃荷造費	2 611	141	121	183	145
販売手数料	1 497	162	136	259	124
広告宣伝費	1 262	529	854	157	127
交際費	989	1 187	1 158	1 265	1 177
減価償却費	3 391	1 898	2 327	1 343	1 434
従業員教育費	108	80	86	93	51
租税公課	1 907	1 496	1 713	1 292	1 182
その他の経費	19 955	13 024	14 140	10 483	12 992
営業利益	8 178	7 006	7 604	5 255	7 402
営業外損益	1 661	**751**	**975**	**358**	**622**
営業外収益	4 299	2 352	2 874	1 462	2 020
営業外費用	2 637	**1 600**	**1 899**	**1 104**	**1 398**
支払利息・割引料	1 737	1 142	1 390	830	868
その他の費用	901	458	509	274	530
経常利益（経常損失）	9 839	7 757	8 579	5 613	8 024
特別利益	4 060	1 032	1 344	775	541
特別損失	2 781	1 643	1 777	1 676	1 280
税引前当期純利益（税引前当期純損失）	11 118	7 146	8 146	4 712	7 285
税引後当期純利益（税引後当期純損失）	7 197	4 711	5 430	3 115	4 648

（単位：千円）

調査事項	製造業 計	09 食料品製造業	10 飲料・たばこ・飼料製造業	11 繊維工業	12 木材・木製品製造業（家具を除く）	13 家具・装備品製造業	14 パルプ・紙・紙加工品製造業
従業者数(人)	23	38	20	16	13	11	24
売上高	443 552	611 988	571 228	249 543	255 546	165 545	490 580
売上原価	4 055 097	470 455	428 597	198 900	204 329	117 315	395 004
商品仕入原価	976 054	129 620	115 395	84 063	87 733	37 459	89 010
材料費	1 645 848	207 092	198 690	41 055	64 028	35 234	156 556
労務費	487 737	53 864	29 541	23 438	19 980	20 005	75 497
外注費	222 725	8 815	8 367	32 545	5 817	15 582	23 351
減価償却費	105 003	7 905	12 163	2 064	4 062	1 690	10 349
その他の売上原価	617 731	63 159	64 441	15 736	22 709	7 345	40 240
売上総利益	1 191 409	141 533	142 630	50 642	51 217	48 231	95 576
販売費及び一般管理費	1 019 620	130 327	126 391	49 186	47 346	44 264	87 950
人件費	420 204	48 256	41 764	22 720	19 681	20 889	35 475
地代家賃	36 363	3 893	2 966	2 049	1 506	2 510	3 010
水道光熱費	13 730	2 669	1 096	871	773	726	1 138
運賃荷造費	112 015	23 514	13 497	4 120	5 677	3 836	14 859
販売手数料	41 360	12 097	11 529	1 078	1 588	402	595
広告宣伝費	21 969	2 226	4 240	260	228	297	673
交際費	16 658	821	1 438	692	649	762	2 220
減価償却費	41 635	4 390	5 541	1 735	1 881	1 421	2 583
従業員教育費	1 635	50	93	65	57	20	298
租税公課	24 632	2 425	3 464	1 268	1 672	1 418	2 460
その他の経費	289 419	29 986	40 763	14 327	13 635	11 983	24 638
営業利益	171 789	11 206	16 239	1 456	3 871	3 967	7 626
営業外損益	35 736	3 293	5 067	2 069	2 026	2 533	1 691
営業外収益	79 561	6 906	10 343	4 729	4 563	3 898	6 988
営業外費用	43 825	3 613	5 276	2 660	2 537	1 365	5 296
支払利息・割引料	28 488	2 673	3 324	1 762	1 950	1 158	3 586
その他の費用	15 337	940	1 952	899	587	207	1 711
経常利益(経常損失)	207 524	14 499	21 306	3 525	5 897	6 500	9 318
特別利益	44 322	6 206	3 330	2 099	3 227	1 430	11 355
特別損失	65 355	6 450	8 725	2 140	4 577	2 072	3 538
税引前当期純利益（税引前当期純損失）	186 491	14 255	15 911	3 484	4 547	5 858	17 135
税引後当期純利益（税引後当期純損失）	114 815	9 343	8 680	1 558	3 054	4 854	12 523

（単位：千円）

調査事項	製造業						
	15 印刷・同関連業	16 化学工業	17 石油製品・石炭製品製造業	18 プラスチック製品製造業(別掲を除く)	19 ゴム製品製造業	20 なめし革・同製品・毛皮製造業	21 窯業・土石製品製造業
従業者数(人)	15	51	21	27	31	13	18
売上高	216 427	1 532 630	582 327	570 693	504 411	228 920	401 930
売上原価	154 698	1 176 047	450 964	458 788	409 350	180 579	324 643
商品仕入原価	17 953	272 184	41 291	101 347	64 543	73 259	77 554
材料費	38 512	520 265	206 854	177 561	175 406	57 026	91 336
労務費	32 266	129 910	42 677	60 558	77 640	20 280	43 344
外注費	43 923	20 386	13 837	50 101	44 489	16 261	25 873
減価償却費	4 225	31 418	17 737	13 392	9 937	986	7 057
その他の売上原価	17 819	201 884	128 568	55 830	37 334	12 767	79 478
売上総利益	61 729	356 584	131 363	111 904	95 061	48 341	77 287
販売費及び一般管理費	58 640	278 370	105 633	91 514	80 159	46 470	61 761
人件費	29 262	112 339	49 624	40 194	41 066	18 613	27 540
地代家賃	3 000	9 169	4 424	3 837	2 224	2 067	2 221
水道光熱費	1 296	2 844	701	1 615	1 066	743	1 392
運賃荷造費	2 797	25 352	5 599	12 763	7 033	2 198	5 588
販売手数料	301	13 176	247	346	749	625	930
広告宣伝費	448	12 496	674	427	428	688	377
交際費	1 346	5 637	1 777	1 314	999	931	1 023
減価償却費	2 438	10 798	5 281	5 567	2 535	1 023	3 193
従業員教育費	127	600	200	126	145	20	37
租税公課	1 537	5 109	2 941	2 339	2 157	1 248	2 291
その他の経費	16 089	80 850	34 164	22 986	21 757	18 312	17 168
営業利益	3 089	78 214	25 730	20 390	14 902	1 871	15 526
営業外損益	1 350	15 854	2 697	− 844	3 506	1 341	1 250
営業外収益	3 781	24 981	6 898	6 473	7 547	2 934	4 743
営業外費用	2 431	9 128	4 202	7 317	4 041	1 592	3 493
支払利息・割引料	1 797	5 289	2 826	4 123	2 289	1 297	2 102
その他の費用	634	3 838	1 375	3 194	1 751	295	1 391
経常利益(経常損失)	4 439	94 068	28 427	19 546	18 408	3 213	16 776
特別利益	904	7 378	5 688	2 704	1 450	1 435	2 756
特別損失	3 818	23 180	6 169	4 686	8 222	1 505	4 171
税引前当期純利益(税引前当期純損失)	1 525	78 265	27 946	17 565	11 636	3 143	15 361
税引後当期純利益(税引後当期純損失)	100	45 781	18 683	10 240	5 835	1 776	9 945

(単位：千円)

	製造業							
	22 鉄鋼業	23 非鉄金属製造業	24 金属製品製造業	25 はん用機械器具製造業	26 生産用機械器具製造業	27 業務用機械器具製造業	28 電子部品・デバイス・電子回路製造業	29 電気機械器具製造業
	23	25	16	28	17	34	50	30
	754 937	720 325	260 598	536 708	278 144	649 531	868 979	532 888
	644 748	618 075	203 707	425 923	206 667	501 961	739 503	417 018
	197 116	89 645	38 185	56 708	26 791	57 871	65 777	96 579
	241 971	379 389	60 271	144 162	57 185	201 040	199 665	115 102
	72 205	72 298	37 576	88 367	49 493	93 647	182 898	72 854
	37 994	41 266	35 748	74 640	44 937	35 012	181 927	50 158
	11 870	11 028	5 218	19 196	6 948	35 248	37 347	5 817
	83 592	24 449	26 708	42 850	21 313	79 144	71 889	76 508
	110 189	102 251	56 892	110 785	71 477	147 569	129 476	115 870
	94 744	77 532	49 223	88 628	55 597	113 904	91 846	93 714
	38 885	32 927	24 368	45 460	27 829	49 243	43 020	45 300
	2 754	2 395	1 857	2 743	1 956	3 786	3 411	3 268
	1 449	831	716	832	837	729	1 669	1 409
	13 609	8 950	2 166	5 077	1 660	3 985	3 008	4 567
	984	2 877	187	908	830	2 754	1 259	631
	233	225	234	451	562	4 153	1 987	723
	2 482	1 043	1 095	1 104	1 102	1 479	1 416	1 148
	5 184	3 100	2 304	2 766	2 365	4 243	3 419	3 290
	198	113	140	130	256	73	212	214
	3 129	2 489	1 787	3 036	2 092	2 616	2 741	2 480
	25 837	22 582	14 368	26 120	16 106	40 843	29 703	30 684
	15 445	24 719	7 669	22 157	15 880	33 665	37 630	22 156
	4 275	4 708	1 816	7 716	1 795	4 550	3 895	5 915
	8 067	11 226	4 533	12 695	5 285	8 495	9 539	9 563
	3 792	6 518	2 717	4 979	3 490	3 945	5 644	3 648
	2 092	2 624	1 944	3 057	2 509	2 026	2 458	2 032
	1 700	3 894	773	1 923	980	1 919	3 187	1 616
	19 720	29 427	9 485	29 872	17 675	38 215	41 525	28 071
	5 030	5 200	1 604	3 220	2 699	4 838	5 268	2 751
	9 629	6 653	3 270	8 424	3 937	8 406	8 118	5 043
	15 121	27 974	7 819	24 669	16 438	34 646	38 676	25 778
	9 905	18 046	5 203	16 306	11 181	21 151	26 675	17 643

167

(単位:千円)

調査事項	製造業		
	30 情報通信機械器具製造業	31 輸送用機械器具製造業	32 その他の製造業
従業者数(人)	48	35	13
売上高	875 153	757 171	235 459
売上原価	**723 614**	**651 900**	**170 783**
商品仕入原価	159 293	112 365	71 885
材料費	308 131	242 797	37 838
労務費	111 881	116 445	22 045
外注費	63 622	89 054	20 607
減価償却費	7 086	23 541	2 275
その他の売上原価	73 601	67 698	16 134
売上総利益	151 539	105 270	64 676
販売費及び一般管理費	**128 269**	**82 495**	**56 250**
人件費	57 661	41 286	26 003
地代家賃	4 210	2 385	2 206
水道光熱費	1 060	958	862
運賃荷造費	3 559	6 143	3 350
販売手数料	1 872	329	514
広告宣伝費	8 805	310	806
交際費	1 076	1 518	811
減価償却費	4 720	3 501	2 282
従業員教育費	83	122	59
租税公課	2 546	2 895	1 446
その他の経費	42 677	23 049	17 914
営業利益	23 270	22 775	8 426
営業外損益	**4 048**	**6 135**	**1 206**
営業外収益	10 150	11 059	3 521
営業外費用	**6 102**	**4 924**	**2 315**
支払利息・割引料	2 230	2 733	1 407
その他の費用	3 872	2 191	907
経常利益(経常損失)	27 317	28 910	9 633
特別利益	2 773	4 448	1 283
特別損失	3 920	8 819	2 254
税引前当期純利益(税引前当期純損失)	26 170	24 538	8 662
税引後当期純利益(税引後当期純損失)	16 340	14 689	5 434

(単位：千円)

調査事項	情報通信業					
	計	37 通信業	38 放送業	39 情報サービス業	40 インターネット附随サービス業	41 映像・音声・文字情報制作業
従業者数(人)	17	31	30	18	19	14
売上高	238 293	651 386	805 617	186 080	306 685	257 331
売上原価	133 443	448 084	422 264	100 430	157 551	149 140
商品仕入原価	25 776	278 868	52 509	15 975	43 530	19 517
材料費	8 687	26 959	48 539	1 737	9 370	18 601
労務費	30 342	49 457	75 611	32 588	27 883	20 476
外注費	40 627	51 588	48 362	32 876	33 894	56 587
減価償却費	2 331	445	48 424	1 298	3 584	770
その他の売上原価	25 680	40 767	148 820	15 956	39 291	33 188
売上総利益	104 850	203 302	383 353	85 650	149 134	108 190
販売費及び一般管理費	94 213	182 617	317 891	77 447	130 660	98 821
人件費	48 144	82 158	106 421	45 090	54 933	45 931
地代家賃	4 635	11 579	11 128	3 775	6 152	5 113
水道光熱費	801	1 932	4 528	580	1 164	818
運賃荷造費	1 134	320	1 098	305	2 237	2 831
販売手数料	3 092	1 343	55 841	326	5 125	4 580
広告宣伝費	2 577	18 095	5 537	780	4 436	4 539
交際費	1 164	1 607	4 668	936	1 665	1 255
減価償却費	2 902	8 112	27 812	1 786	3 230	2 748
従業員教育費	202	380	150	233	533	79
租税公課	1 596	2 127	5 815	1 251	1 568	1 946
その他の経費	27 967	54 964	94 892	22 385	49 617	28 981
営業利益	10 638	20 685	65 463	8 203	18 474	9 369
営業外損益	1 873	-10 802	7 665	1 471	1 786	3 406
営業外収益	4 103	5 077	12 216	2 547	3 523	6 770
営業外費用	2 229	15 879	4 551	1 076	1 737	3 364
支払利息・割引料	669	1 609	2 908	476	607	826
その他の費用	1 560	14 269	1 644	601	1 130	2 538
経常利益(経常損失)	12 511	9 884	73 128	9 674	20 260	12 775
特別利益	2 189	1 450	3 602	617	877	5 694
特別損失	2 869	6 646	5 860	1 190	1 873	6 029
税引前当期純利益(税引前当期純損失)	11 831	4 688	70 870	9 101	19 263	12 440
税引後当期純利益(税引後当期純損失)	7 280	-1 868	44 413	5 910	12 180	7 305

169

(単位：千円)

調査事項	運輸業，郵便業						
	計	43 道路旅客運送業	44 道路貨物運送業	45 水運業	47 倉庫業	48 運輸に附帯するサービス業	49 郵便業(信書便事業を含む)
従業者数(人)	38	54	34	20	32	46	－
売上高	457 421	283 596	421 877	915 342	474 321	705 153	－
売上原価	337 439	169 544	317 685	783 602	224 236	542 705	－
商品仕入原価	27 496	8 547	25 616	98 816	26 655	38 675	
材料費	12 521	6 453	14 797	7 743	3 137	12 842	
労務費	91 179	102 889	86 019	104 462	40 572	115 054	
外注費	81 639	3 331	81 714	36 292	40 993	203 983	
減価償却費	11 333	6 196	11 072	43 781	9 074	9 726	
その他の売上原価	113 271	42 127	98 467	492 507	103 805	162 425	
売上総利益	119 982	114 052	104 192	131 740	250 085	162 448	－
販売費及び一般管理費	109 874	115 771	95 353	116 998	213 856	141 134	－
人件費	49 054	65 239	40 483	55 983	65 841	65 287	
地代家賃	4 691	3 226	3 285	4 077	26 357	6 926	
水道光熱費	1 093	1 256	834	1 109	4 572	1 096	
運賃荷造費	4 274	148	2 351	174	5 716	19 881	
販売手数料	792	2 806	364	1 493	479	379	
広告宣伝費	326	454	238	967	779	275	
交際費	1 276	615	1 159	2 630	3 216	1 648	
減価償却費	5 965	6 100	4 697	11 409	20 107	6 074	
従業員教育費	113	90	97	56	134	232	
租税公課	3 280	2 339	3 290	2 863	7 933	3 030	
その他の経費	39 011	33 496	38 555	36 235	78 722	36 306	
営業利益	10 108	- 1 719	8 839	14 742	36 229	21 314	－
営業外損益	3 366	3 384	2 194	20 016	3 951	4 002	－
営業外収益	7 183	5 794	5 190	34 745	11 715	9 124	
営業外費用	3 818	2 409	2 995	14 729	7 764	5 121	
支払利息・割引料	2 630	1 490	2 198	10 533	7 047	2 393	
その他の費用	1 188	919	797	4 196	717	2 729	
経常利益(経常損失)	13 473	1 665	11 033	34 758	40 181	25 316	－
特別利益	4 348	9 200	2 541	18 206	3 131	3 717	－
特別損失	4 087	2 458	3 582	19 227	6 230	3 330	－
税引前当期純利益(税引前当期純損失)	13 734	8 407	9 993	33 737	37 082	25 704	－
税引後当期純利益(税引後当期純損失)	8 948	5 973	6 672	19 186	24 168	16 177	－

(単位：千円)

調査事項	卸売業 計	50 各種商品卸売業	51 繊維・衣服等卸売業	52 飲食料品卸売業	53 建築材料,鉱物金属材料等卸売業	54 機械器具卸売業	55 その他の卸売業
従業者数(人)	12	8	12	13	11	14	10
売上高	729 839	467 177	439 418	835 633	819 872	841 210	582 844
売上原価	**621 645**	**399 799**	**339 238**	**729 201**	**716 670**	**705 773**	**483 142**
商品仕入原価	574 674	373 470	310 078	686 484	649 690	639 882	459 368
材料費	11 450	5 557	10 445	3 823	19 296	12 982	10 654
労務費	2 871	3 057	1 890	1 903	3 843	4 575	1 708
外注費	7 705	6 234	8 489	6 870	9 892	9 174	4 901
減価償却費	594	1 710	161	118	1 408	719	147
その他の売上原価	24 350	9 769	8 176	30 002	32 541	38 441	6 363
売上総利益	108 194	67 378	100 179	106 433	103 202	135 437	99 702
販売費及び一般管理費	**97 407**	**61 479**	**94 209**	**101 175**	**91 033**	**117 649**	**88 515**
人件費	45 320	29 065	42 195	41 982	42 598	61 452	40 688
地代家賃	4 386	3 087	5 794	3 922	3 943	4 957	4 421
水道光熱費	1 204	521	898	2 077	1 017	1 051	876
運賃荷造費	7 029	4 300	5 567	12 910	5 278	3 976	6 615
販売手数料	2 081	2 469	3 154	3 978	671	1 932	1 347
広告宣伝費	1 401	548	2 825	1 330	341	1 769	1 797
交際費	1 322	1 290	923	1 033	1 433	1 626	1 386
減価償却費	3 571	2 202	2 304	3 373	4 217	4 806	2 697
従業員教育費	95	52	27	53	127	164	76
租税公課	2 022	1 317	1 451	1 798	2 353	1 934	2 282
その他の経費	28 976	16 627	29 070	28 720	29 057	33 980	26 331
営業利益	10 787	5 898	5 971	5 258	12 169	17 787	11 187
営業外損益	**2 738**	**1 180**	**240**	**2 344**	**2 966**	**3 690**	**3 219**
営業外収益	6 305	3 634	5 380	5 463	6 785	7 628	6 178
営業外費用	3 567	2 454	5 140	3 119	3 820	3 938	2 959
支払利息・割引料	2 036	1 223	2 289	1 967	2 518	2 068	1 586
その他の費用	1 531	1 231	2 851	1 152	1 302	1 870	1 373
経常利益(経常損失)	13 525	7 078	6 211	7 602	15 135	21 477	14 406
特別利益	2 334	1 378	1 551	2 421	2 555	2 290	2 480
特別損失	3 886	1 013	2 428	2 660	3 967	3 541	6 204
税引前当期純利益(税引前当期純損失)	11 973	7 444	5 334	7 363	13 723	20 227	10 681
税引後当期純利益(税引後当期純損失)	7 611	5 294	2 811	4 926	8 996	12 581	6 661

(単位：千円)

調査事項	小売業 計	56 各種商品小売業	57 織物・衣服・身の回り品小売業	58 飲食料品小売業	59 機械器具小売業	60 その他の小売業	61 無店舗小売業
従業者数(人)	12	19	9	17	11	12	9
売上高	243 944	284 198	128 523	245 674	364 103	231 575	214 728
売上原価	173 053	209 413	72 911	174 954	276 584	167 013	136 148
商品仕入原価	159 747	207 448	65 555	163 340	243 171	160 054	122 337
材料費	2 849	735	987	3 118	5 316	2 147	2 717
労務費	1 410	11	660	1 732	3 820	764	375
外注費	1 913	162	2 404	322	7 761	822	441
減価償却費	438	14	154	264	398	93	1 813
その他の売上原価	6 696	1 043	3 151	6 179	16 117	3 133	8 466
売上総利益	70 892	74 785	55 612	70 720	87 518	64 562	78 580
販売費及び一般管理費	67 812	73 650	55 165	68 479	80 253	62 236	75 118
人件費	30 555	33 369	20 402	29 480	36 990	32 171	27 784
地代家賃	5 273	6 687	9 285	4 414	6 420	4 923	3 579
水道光熱費	1 859	5 667	1 444	3 730	1 498	1 267	938
運賃荷造費	1 530	1 346	835	1 757	1 036	541	4 631
販売手数料	2 474	1 381	3 469	3 334	1 480	1 082	5 033
広告宣伝費	2 424	2 140	1 329	1 300	3 780	1 445	5 889
交際費	617	237	369	446	717	727	680
減価償却費	2 861	3 378	2 001	2 549	5 297	2 439	2 281
従業員教育費	126	206	80	51	297	93	167
租税公課	1 114	1 117	834	958	1 627	1 189	799
その他の経費	18 977	18 124	15 118	20 460	21 111	16 359	23 337
営業利益	3 080	1 134	446	2 241	7 265	2 326	3 462
営業外損益	1 169	1 171	1 201	1 084	1 384	1 279	778
営業外収益	2 668	2 698	2 290	2 206	4 102	2 542	2 387
営業外費用	1 499	1 527	1 089	1 123	2 719	1 264	1 609
支払利息・割引料	902	767	743	563	1 791	706	1 060
その他の費用	597	760	346	560	927	558	549
経常利益(経常損失)	4 250	2 306	1 647	3 324	8 649	3 604	4 240
特別利益	944	438	1 143	775	971	791	1 444
特別損失	1 118	1 189	1 751	941	957	1 228	883
税引前当期純利益(税引前当期純損失)	4 076	1 555	1 039	3 157	8 663	3 167	4 801
税引後当期純利益(税引後当期純損失)	2 439	730	57	1 962	5 394	1 755	3 256

(単位：千円)

調査事項	不動産業, 物品賃貸業 計	68 不動産取引業	69 不動産賃貸業・管理業	70 物品賃貸業
従業者数(人)	5	5	4	12
売上高	143 265	261 324	80 507	341 838
売上原価	80 507	194 409	23 109	239 009
商品仕入原価	51 819	163 855	4 887	107 687
材料費	1 496	3 567	344	5 518
労務費	1 206	1 125	745	6 360
外注費	6 906	15 771	3 383	9 332
減価償却費	2 459	133	1 974	16 622
その他の売上原価	16 621	9 958	11 776	93 490
売上総利益	62 758	66 915	57 397	102 829
販売費及び一般管理費	49 936	52 364	45 478	87 276
人件費	16 540	20 608	12 850	39 425
地代家賃	6 222	2 508	7 740	4 765
水道光熱費	1 348	656	1 647	902
運賃荷造費	145	104	64	1 151
販売手数料	1 112	2 976	355	1 793
広告宣伝費	1 140	3 072	447	876
交際費	858	1 941	420	1 232
減価償却費	5 369	2 429	6 170	8 425
従業員教育費	44	85	26	80
租税公課	3 530	3 436	3 667	2 457
その他の経費	13 628	14 550	12 092	26 169
営業利益	12 822	14 551	11 919	15 554
営業外損益	259	－ 578	443	1 589
営業外収益	5 521	4 168	6 055	5 183
営業外費用	5 262	4 746	5 612	3 594
支払利息・割引料	4 119	3 944	4 329	2 592
その他の費用	1 143	802	1 283	1 002
経常利益(経常損失)	13 081	13 973	12 362	17 142
特別利益	22 459	2 364	31 683	3 968
特別損失	3 070	2 452	3 325	2 800
税引前当期純利益(税引前当期純損失)	32 469	13 885	40 720	18 310
税引後当期純利益(税引後当期純損失)	21 719	10 851	26 752	11 254

(単位：千円)

調査事項	学術研究, 専門・技術サービス業			
	計	72 専門サービス(他に分類されないもの)	73 広告	74 技術サービス業(他に分類されないもの)
従業者数(人)	9	8	11	10
売上高	110 451	85 815	357 530	93 931
売上原価	53 753	24 484	258 349	46 410
商品仕入原価	12 624	5 946	105 062	4 630
材料費	1 454	963	2 845	1 614
労務費	11 546	4 517	5 484	17 405
外注費	17 607	8 026	80 770	15 729
減価償却費	361	76	134	596
その他の売上原価	10 161	4 956	64 054	6 436
売上総利益	56 698	61 331	99 181	47 521
販売費及び一般管理費	50 710	55 556	87 962	42 105
人件費	28 115	32 126	45 470	22 854
地代家賃	2 833	3 657	4 828	1 969
水道光熱費	550	540	690	538
運賃荷造費	257	249	617	212
販売手数料	173	151	468	148
広告宣伝費	444	836	437	166
交際費	871	879	1 300	805
減価償却費	1 379	1 234	1 986	1 398
従業員教育費	120	146	71	108
租税公課	1 166	1 045	1 473	1 211
その他の経費	14 802	14 693	30 621	12 695
営業利益	5 988	5 776	11 219	5 417
営業外損益	749	1 256	1 080	341
営業外収益	1 761	2 360	2 652	1 210
営業外費用	1 012	1 104	1 572	868
支払利息・割引料	587	687	879	476
その他の費用	425	417	693	393
経常利益(経常損失)	6 737	7 032	12 299	5 758
特別利益	851	951	1 026	755
特別損失	1 488	1 355	2 884	1 389
税引前当期純利益(税引前当期純損失)	6 100	6 628	10 440	5 123
税引後当期純利益(税引後当期純損失)	4 002	4 762	6 458	3 120

(単位：千円)

調査事項	宿泊業，飲食サービス業			
	計	75 宿泊業	76 飲食店	77 持ち帰り・配達飲食サービス業
従業者数(人)	18	20	16	34
売上高	98 897	166 615	80 959	141 501
売上原価	**35 653**	**35 282**	**32 873**	**71 667**
商品仕入原価	24 688	23 092	23 880	39 185
材料費	4 407	4 924	3 317	16 730
労務費	3 820	379	3 948	11 528
外注費	573	1 791	306	632
減価償却費	54	1	40	380
その他の売上原価	2 112	5 095	1 383	3 212
売上総利益	63 244	131 332	48 085	69 834
販売費及び一般管理費	**62 440**	**127 508**	**47 996**	**68 205**
人件費	27 755	46 263	22 776	40 368
地代家賃	5 260	6 756	5 102	3 198
水道光熱費	4 938	12 234	3 486	3 473
運賃荷造費	145	147	113	552
販売手数料	1 652	7 747	458	190
広告宣伝費	1 003	2 134	779	755
交際費	442	789	374	358
減価償却費	3 593	11 139	2 130	1 602
従業員教育費	86	331	37	39
租税公課	1 534	4 120	972	1 607
その他の経費	16 031	35 848	11 769	16 065
営業利益	804	3 825	89	1 629
営業外損益	**885**	**989**	**880**	**673**
営業外収益	2 224	4 946	1 701	1 449
営業外費用	**1 339**	**3 958**	**821**	**777**
支払利息・割引料	1 118	3 543	633	661
その他の費用	221	414	188	115
経常利益(経常損失)	1 689	4 813	969	2 302
特別利益	1 118	2 975	778	365
特別損失	1 116	2 718	802	730
税引前当期純利益(税引前当期純損失)	1 691	5 070	945	1 937
税引後当期純利益(税引後当期純損失)	1 023	3 172	568	930

(単位：千円)

調査事項	生活関連サービス業, 娯楽業			
	計	78 洗濯・理容・美容・浴場業	79 その他の生活関連サービス業	80 娯楽業
従業者数(人)	16	11	14	27
売上高	322 766	67 858	251 384	943 600
売上原価	**224 618**	**22 378**	**170 832**	**714 672**
商品仕入原価	183 896	8 091	115 089	629 277
材料費	4 472	2 399	3 679	9 709
労務費	5 187	4 295	4 186	8 019
外注費	5 255	2 776	6 172	9 877
減価償却費	761	486	466	1 624
その他の売上原価	25 046	4 332	41 240	56 166
売上総利益	98 149	45 480	80 552	228 927
販売費及び一般管理費	**92 387**	**45 319**	**77 384**	**208 622**
人件費	34 924	21 726	35 531	63 287
地代家賃	9 154	4 661	5 623	22 094
水道光熱費	4 304	2 348	1 648	10 923
運賃荷造費	457	251	304	1 042
販売手数料	1 528	965	1 869	2 462
広告宣伝費	3 241	977	4 369	7 204
交際費	689	373	931	1 168
減価償却費	9 404	1 894	3 951	30 638
従業員教育費	191	170	143	278
租税公課	2 193	947	1 795	5 270
その他の経費	26 302	11 007	21 220	64 256
営業利益	5 762	161	3 168	20 305
営業外損益	**1 707**	**646**	**2 122**	**3 664**
営業外収益	4 691	1 362	3 967	12 617
営業外費用	**2 985**	**716**	**1 845**	**8 952**
支払利息・割引料	1 624	520	1 136	4 471
その他の費用	1 360	196	710	4 482
経常利益(経常損失)	7 469	807	5 290	23 969
特別利益	3 538	541	2 387	11 111
特別損失	5 359	686	2 414	18 177
税引前当期純利益(税引前当期純損失)	5 648	662	5 264	16 904
税引後当期純利益(税引後当期純損失)	3 513	250	2 896	11 199

(単位：千円)

調査事項	サービス業 計	88 廃棄物処理業	89 自動車整備業	90 機械修理業(別掲を除く)	91 職業紹介・労働者派遣業	92 その他の事業サービス業
従業者数(人)	26	17	7	12	52	44
売上高	174 739	211 719	89 163	183 476	290 216	197 015
売上原価	102 951	102 881	54 941	127 677	168 759	117 368
商品仕入原価	20 133	17 876	25 287	21 948	14 180	17 768
材料費	6 504	7 990	9 755	7 362	1 223	4 330
労務費	38 580	19 957	8 062	20 723	113 459	56 991
外注費	21 577	17 597	5 838	70 068	7 464	24 914
減価償却費	1 252	4 679	513	667	82	981
その他の売上原価	14 904	34 782	5 486	6 908	32 351	12 383
売上総利益	71 789	108 838	34 222	55 798	121 457	79 647
販売費及び一般管理費	68 222	95 818	34 150	49 368	116 234	78 406
人件費	35 869	43 938	16 499	27 384	71 648	41 709
地代家賃	2 947	2 326	2 189	1 973	5 663	3 400
水道光熱費	744	1 001	702	564	634	763
運賃荷造費	414	987	128	725	220	374
販売手数料	783	1 291	166	443	2 829	634
広告宣伝費	646	369	274	96	3 047	581
交際費	919	1 434	645	845	1 066	922
減価償却費	2 184	5 110	1 519	1 669	1 358	1 939
従業員教育費	107	125	110	79	94	110
租税公課	1 558	2 726	1 104	1 431	2 292	1 297
その他の経費	22 051	36 511	10 814	14 161	27 382	26 678
営業利益	3 566	13 020	72	6 430	5 223	1 241
営業外損益	3 058	2 054	812	707	1 438	6 596
営業外収益	4 190	4 044	1 596	1 785	2 507	7 702
営業外費用	1 131	1 990	784	1 079	1 069	1 106
支払利息・割引料	736	1 506	637	532	640	594
その他の費用	395	483	147	546	429	512
経常利益(経常損失)	6 625	15 074	885	7 136	6 660	7 837
特別利益	1 926	1 281	548	1 817	795	3 716
特別損失	1 214	2 791	610	1 096	934	1 193
税引前当期純利益(税引前当期純損失)	7 337	13 565	823	7 857	6 521	10 360
税引後当期純利益(税引後当期純損失)	4 802	8 938	246	5 688	3 864	6 943

3．貸借対照表（B/S）データ

(単位：千円)

調査事項	全業種	建設業 計	06 総合工事業（設備工事業を除く）	07 職別工事業（設備工事業を除く）	08 設備工事業
資　産	270 155	181 476	231 865	103 382	141 102
流動資産	146 877	122 332	157 185	67 294	95 494
現金・預金	57 033	52 036	67 376	26 101	42 042
受取手形・売掛金	41 582	25 967	27 948	20 043	27 409
有価証券	3 160	2 797	2 680	662	5 349
棚卸資産	23 044	18 583	28 538	7 718	5 760
その他の流動資産	22 059	22 950	30 643	12 770	14 934
固定資産	122 502	58 486	74 409	35 865	43 546
有形固定資産	88 416	43 925	56 985	27 362	29 556
建物・構築物・建物附属設備	35 314	13 732	17 957	7 964	9 516
機械装置	9 460	5 776	7 078	6 544	1 771
船舶、車両運搬具、工具・器具・備品	6 401	4 269	4 450	4 816	3 246
リース資産	1 302	497	529	487	427
土地	43 324	24 464	31 855	13 581	17 934
建設仮勘定	896	295	462	59	137
その他の有形固定資産	1 438	566	527	913	291
減価償却累計額	-9 719	-5 673	-5 874	-7 003	-3 766
無形固定資産	2 020	1 384	1 411	442	2 317
投資その他の資産	32 065	13 178	16 013	8 061	11 673
繰延資産	776	658	272	223	2 062
負債及び純資産	270 155	181 476	231 865	103 382	141 102
負　債	169 558	119 785	153 935	74 480	84 329
流動負債	89 664	75 534	99 196	40 559	54 771
支払手形・買掛金	32 090	22 013	25 320	14 893	21 479
短期借入金（金融機関）	19 851	13 243	18 676	5 207	8 482
短期借入金（金融機関以外）	8 692	4 480	4 640	5 529	2 973
リース債務	313	111	144	58	86
その他の流動負債	28 717	35 688	50 416	14 872	21 751
固定負債	79 894	44 252	54 739	33 921	29 558
社債	1 698	600	789	289	466
長期借入金（金融機関）	51 806	32 993	41 745	23 940	21 189
長期借入金（金融機関以外）	12 252	5 589	5 235	7 113	4 836
リース債務	1 022	376	528	281	106
その他の固定負債	13 117	4 695	6 442	2 299	2 961
純資産	100 597	61 691	77 930	28 903	56 773
株主資本	92 572	57 077	71 634	27 178	53 208
資本金	12 081	11 469	13 373	8 106	10 382
資本剰余金	5 000	509	618	358	405
利益剰余金	76 996	47 271	59 378	22 892	43 533
自己株式	-1 505	-2 172	-1 734	-4 178	-1 111
その他の純資産	8 025	4 614	6 296	1 725	3 564

(単位：千円)

調査事項	製造業 計	09 食料品製造業	10 飲料・たばこ・飼料製造業	11 繊維工業	12 木材・木製品製造業（家具を除く）	13 家具・装備品製造業	14 パルプ・紙・紙加工品製造業
資産	410 846	434 478	630 173	236 691	220 800	183 219	464 868
流動資産	235 958	230 079	321 170	150 550	124 547	110 160	263 695
現金・預金	80 289	70 944	96 863	36 417	32 486	36 477	104 740
受取手形・売掛金	80 542	71 914	91 928	57 138	40 383	35 690	89 732
有価証券	5 074	2 376	7 654	11 635	736	511	10 391
棚卸資産	45 442	49 614	84 857	30 726	34 585	24 895	27 326
その他の流動資産	24 611	35 231	39 867	14 634	16 356	12 587	31 505
固定資産	173 739	202 981	305 482	85 538	96 204	72 609	199 616
有形固定資産	131 277	163 485	251 199	53 671	80 527	55 752	160 439
建物・構築物・建物附属設備	48 793	69 559	127 176	17 671	26 752	18 134	45 241
機械装置	35 413	47 259	96 404	6 914	21 036	9 213	28 488
船舶、車両運搬具、工具・器具・備品	8 083	5 300	6 916	2 471	3 700	2 877	4 747
リース資産	1 991	3 353	4 632	329	1 081	269	2 427
土地	57 532	75 618	89 801	29 549	32 388	26 843	78 064
建設仮勘定	2 527	987	5 005	285	551	156	1 478
その他の有形固定資産	1 381	1 128	7 113	69	894	917	789
減価償却累計額	-24 442	-39 719	-85 847	-3 617	-5 875	-2 658	-796
無形固定資産	2 033	2 102	2 468	400	955	959	1 032
投資その他の資産	40 429	37 394	51 815	31 467	14 722	15 899	38 146
繰延資産	1 149	1 419	3 522	603	50	450	1 557
負債及び純資産	410 846	434 478	630 173	236 691	220 800	183 219	464 868
負債	236 243	258 205	328 265	150 164	161 928	102 602	282 376
流動負債	127 491	128 961	156 537	85 028	85 411	45 993	148 124
支払手形・買掛金	53 112	43 527	49 192	26 757	26 286	18 267	89 116
短期借入金（金融機関）	31 277	45 807	49 877	34 608	35 589	12 067	22 341
短期借入金（金融機関以外）	10 715	7 672	13 918	9 063	7 364	5 496	10 580
リース債務	487	329	873	176	246	73	126
その他の流動負債	31 900	31 626	42 676	14 425	15 927	10 090	25 961
固定負債	108 753	129 243	171 729	65 136	76 516	56 609	134 252
社債	3 361	6 780	3 153	1 071	1 307	1 084	2 791
長期借入金（金融機関）	75 140	90 650	119 643	42 913	49 333	39 804	100 377
長期借入金（金融機関以外）	14 311	13 437	26 275	12 534	14 761	7 613	15 807
リース債務	2 778	2 972	3 290	198	833	205	2 580
その他の固定負債	13 163	15 405	19 367	8 420	10 282	7 903	12 696
純資産	174 603	176 273	301 908	86 527	58 873	80 617	182 492
株主資本	167 380	172 556	279 539	85 953	53 364	73 276	172 927
資本金	15 392	14 444	21 151	12 146	10 775	9 231	14 671
資本剰余金	11 630	3 906	5 050	26 047	986	4 101	260
利益剰余金	142 859	156 881	260 332	51 738	42 234	60 847	158 619
自己株式	-2 500	-2 674	-6 994	-3 979	-631	-904	-624
その他の純資産	7 222	3 717	22 368	574	5 508	7 341	9 565

(単位：千円)

調査事項	製造業						
	15 印刷・同関連業	16 化学工業	17 石油製品・石炭製品製造業	18 プラスチック製品製造業(別掲を除く)	19 ゴム製品製造業	20 なめし革・同製品・毛皮製造業	21 窯業・土石製品製造業
資　産	216 012	1 857 428	520 110	503 461	460 621	155 083	375 955
流動資産	99 131	1 090 288	299 034	293 064	273 898	100 440	207 747
現金・預金	37 386	367 684	117 256	93 532	97 654	28 886	54 028
受取手形・売掛金	38 321	378 228	86 555	116 923	93 147	34 812	82 376
有価証券	3 072	13 112	1 094	3 947	15 824	5 250	1 926
棚卸資産	10 726	240 576	44 389	55 396	44 875	22 006	41 820
その他の流動資産	9 626	90 689	49 740	23 265	22 397	9 485	27 597
固定資産	116 139	762 505	220 982	208 263	186 580	54 401	165 849
有形固定資産	90 762	603 854	162 694	161 126	138 833	44 006	128 541
建物・構築物・建物附属設備	31 305	292 726	35 617	59 379	47 677	15 563	34 352
機械装置	26 713	163 435	39 019	34 980	23 980	6 991	24 705
船舶、車両運搬具、工具・器具・備品	3 975	48 036	7 905	5 512	6 622	5 242	6 627
リース資産	1 515	4 919	1 225	8 216	1 019	167	767
土地	43 827	180 517	77 426	51 975	71 896	25 288	74 015
建設仮勘定	3 523	37 802	536	4 438	964	98	108
その他の有形固定資産	1 234	1 392	1 021	1 094	576	322	5 318
減価償却累計額	- 21 329	- 124 974	- 54	- 4 468	- 13 901	- 9 666	- 17 351
無形固定資産	2 440	9 071	1 296	1 388	2 295	682	5 188
投資その他の資産	22 937	149 581	56 993	45 749	45 452	9 714	32 120
繰延資産	742	4 634	94	2 134	143	242	2 358
負債及び純資産	216 012	1 857 428	520 110	503 461	460 621	155 083	375 955
負債	157 448	771 192	273 693	297 914	246 814	106 345	222 546
流動負債	81 493	444 825	157 966	171 216	125 858	60 306	131 736
支払手形・買掛金	37 474	229 028	63 893	76 933	62 891	20 174	49 877
短期借入金(金融機関)	16 717	56 239	24 777	41 563	20 191	19 856	26 421
短期借入金(金融機関以外)	9 770	27 322	24 408	12 562	10 767	4 897	18 350
リース債務	660	1 305	40	1 976	348	4	224
その他の流動負債	16 871	130 931	44 849	38 182	31 660	15 374	36 864
固定負債	75 956	326 367	115 727	126 699	120 956	46 039	90 810
社債	1 175	16 352	1 645	4 124	1 815	349	3 365
長期借入金(金融機関)	53 502	212 994	74 796	86 320	82 731	34 271	61 235
長期借入金(金融機関以外)	14 369	24 122	18 962	12 445	16 044	6 870	16 315
リース債務	993	3 631	1 429	5 947	757	50	472
その他の固定負債	5 917	69 269	18 895	17 863	19 609	4 500	9 423
純資産	58 564	1 086 236	246 417	205 547	213 807	48 738	153 408
株主資本	59 552	1 034 134	239 292	204 666	209 993	33 885	147 487
資本金	10 171	50 293	22 775	19 260	18 568	11 588	20 869
資本剰余金	146	59 303	10 068	3 938	12 698	13 076	13 613
利益剰余金	49 654	932 518	209 156	182 334	180 948	18 356	113 856
自己株式	- 418	- 7 980	- 2 707	- 866	- 2 221	- 9 135	- 851
その他の純資産	- 988	52 102	7 125	880	3 814	14 853	5 922

(単位:千円)

	製造業							
	22	23	24	25	26	27	28	29
	鉄鋼業	非鉄金属製造業	金属製品製造業	はん用機械器具製造業	生産用機械器具製造業	業務用機械器具製造業	電子部品・デバイス・電子回路製造業	電気機械器具製造業
	575 262	581 278	262 308	576 346	332 685	622 339	707 737	517 153
	323 030	359 002	142 681	335 289	205 417	332 482	496 293	322 831
	90 095	86 517	47 827	115 222	95 873	109 967	247 063	93 398
	121 218	129 433	54 295	126 927	56 682	105 516	114 182	124 966
	12 450	14 950	1 088	16 963	4 968	8 331	9 809	4 050
	58 245	94 295	24 244	52 935	32 482	58 912	79 132	66 967
	41 022	33 807	15 227	23 243	15 413	49 757	46 107	33 450
	251 757	218 786	119 141	240 562	126 719	284 079	210 901	193 225
	209 577	158 310	89 291	171 899	92 060	177 592	139 092	134 329
	66 368	58 090	31 999	60 942	31 956	70 156	49 046	39 597
	87 968	74 115	30 169	37 879	18 822	41 435	92 914	11 784
	14 652	7 695	4 332	7 667	4 672	9 116	93 596	6 521
	1 245	569	1 375	801	1 075	1 272	803	1 124
	110 530	80 229	42 247	89 283	40 550	43 916	49 405	79 211
	2 274	1 625	684	1 016	308	18 189	1 382	323
	1 767	499	693	274	844	1 020	1 081	2 347
	- 75 227	- 64 511	- 22 209	- 25 962	- 6 168	- 7 511	- 149 735	- 6 579
	3 187	1 870	718	1 879	1 392	1 951	2 372	5 693
	38 994	58 607	29 132	66 785	33 268	104 536	69 437	53 203
	475	3 490	486	495	549	5 778	542	1 097
	575 262	581 278	262 308	576 346	332 685	622 339	707 737	517 153
	344 109	326 505	158 571	322 542	196 656	321 945	361 591	269 525
	213 540	188 504	76 215	137 595	106 240	141 575	195 368	167 960
	110 592	88 958	31 719	78 410	36 947	44 036	95 228	82 051
	53 794	40 295	18 759	15 755	31 416	30 920	18 180	26 641
	10 938	13 105	6 265	11 167	12 125	9 186	24 646	9 585
	146	402	389	1 739	229	545	334	144
	38 070	45 744	19 084	30 524	25 524	56 888	56 981	49 538
	130 569	138 001	82 356	184 948	90 416	180 370	166 223	101 565
	6 439	3 459	2 112	4 707	2 372	3 961	4 798	2 498
	95 385	103 778	61 567	126 489	64 281	80 066	111 070	76 375
	16 517	17 931	8 896	13 317	15 998	19 434	29 707	9 754
	1 348	1 188	1 161	1 797	1 122	55 886	705	1 125
	10 880	11 645	8 621	38 639	6 642	21 023	19 942	11 812
	231 153	254 773	103 737	253 804	136 028	300 394	346 146	247 628
	213 187	247 004	94 908	238 477	129 773	292 482	341 363	242 005
	18 782	26 391	11 480	18 919	12 513	19 887	26 568	17 301
	12 362	15 634	3 061	50 516	3 562	42 013	8 780	55 960
	187 620	205 883	82 969	179 921	114 445	241 185	307 896	170 190
	- 5 577	- 904	- 2 603	- 10 879	- 746	- 10 603	- 1 881	- 1 446
	17 966	7 769	8 829	15 327	6 255	7 912	4 783	5 624

(単位：千円)

調査事項	製造業		
	30 情報通信機械器具製造業	31 輸送用機械器具製造業	32 その他の製造業
資　産	601 994	605 829	248 508
流動資産	395 697	325 955	154 974
現金・預金	94 141	122 792	55 149
受取手形・売掛金	133 438	104 212	46 581
有価証券	2 923	3 493	2 229
棚卸資産	114 926	62 941	38 016
その他の流動資産	50 269	32 517	12 998
固定資産	203 063	279 051	93 332
有形固定資産	125 120	211 786	67 051
建物・構築物・建物附属設備	49 274	77 365	27 777
機械装置	17 505	65 915	11 733
船舶、車両運搬具、工具・器具・備品	12 898	12 303	4 390
リース資産	4 437	2 832	672
土地	63 856	75 824	31 571
建設仮勘定	183	6 492	827
その他の有形固定資産	288	3 196	1 438
減価償却累計額	-23 320	-32 141	-11 357
無形固定資産	3 568	2 066	1 864
投資その他の資産	74 375	65 199	24 417
繰延資産	3 234	824	203
負債及び純資産	601 994	605 829	248 508
負　債	396 720	376 326	130 865
流動負債	243 197	218 500	73 565
支払手形・買掛金	87 355	88 588	19 504
短期借入金(金融機関)	56 753	41 843	32 017
短期借入金(金融機関以外)	36 502	14 705	6 585
リース債務	814	359	453
その他の流動負債	61 774	73 005	15 005
固定負債	153 524	157 826	57 300
社債	967	4 499	2 874
長期借入金(金融機関)	68 217	111 094	38 138
長期借入金(金融機関以外)	47 130	18 602	11 312
リース債務	1 512	2 534	162
その他の固定負債	35 698	21 098	4 814
純資産	205 274	229 503	117 643
株主資本	210 447	215 735	112 069
資本金	26 298	15 559	11 035
資本剰余金	46 638	5 496	4 615
利益剰余金	138 519	197 444	97 298
自己株式	-1 008	-2 764	-879
その他の純資産	-5 174	13 768	5 573

(単位:千円)

調査事項	情報通信業					
	計	37 通信業	38 放送業	39 情報サービス業	40 インターネット附随サービス業	41 映像・音声・文字情報制作業
資　産	217 766	354 444	1 144 554	129 537	207 026	320 517
流動資産	136 829	204 705	469 453	96 069	142 052	190 231
現金・預金	66 559	101 954	303 646	51 277	57 063	78 141
受取手形・売掛金	35 186	53 880	86 710	28 847	51 888	40 525
有価証券	7 021	736	1 570	1 632	623	20 483
棚卸資産	9 195	12 624	7 758	3 596	4 574	21 663
その他の流動資産	18 869	35 511	69 768	10 716	27 904	29 420
固定資産	79 463	149 496	662 968	32 257	63 920	128 950
有形固定資産	37 963	64 281	383 963	13 603	26 023	61 263
建物・構築物・建物附属設備	13 860	14 956	181 731	5 136	12 391	18 960
機械装置	3 591	3 232	66 497	587	320	5 387
船舶、車両運搬具、工具・器具・備品	4 374	8 499	8 544	3 401	6 824	5 403
リース資産	1 214	681	9 577	1 058	2 970	662
土地	16 818	20 964	78 159	5 413	8 607	37 049
建設仮勘定	1 162	3 963	35 857	264	324	124
その他の有形固定資産	3 644	97 660	27 145	290	261	1 013
減価償却累計額	- 6 701	- 85 674	- 23 547	- 2 545	- 5 674	- 7 338
無形固定資産	4 188	3 491	5 639	4 573	12 767	2 089
投資その他の資産	37 313	81 723	273 367	14 080	25 130	65 598
繰延資産	1 474	243	12 133	1 211	1 055	1 336
負債及び純資産	217 766	354 444	1 144 554	129 537	207 026	320 517
負　債	96 186	294 472	413 195	69 190	95 000	110 647
流動負債	56 962	192 201	160 805	41 498	65 695	68 330
支払手形・買掛金	15 936	41 490	42 938	10 600	19 315	22 409
短期借入金(金融機関)	5 702	6 249	37 126	4 859	7 876	4 586
短期借入金(金融機関以外)	5 101	8 723	22 436	3 969	5 809	5 690
リース債務	421	92	2 618	366	1 561	227
その他の流動負債	29 802	135 646	55 688	21 704	31 134	35 418
固定負債	39 223	102 271	252 390	27 692	29 305	42 317
社債	683	2 475	439	449	917	1 010
長期借入金(金融機関)	23 586	75 685	140 342	17 631	14 539	23 455
長期借入金(金融機関以外)	3 762	6 758	18 099	3 109	5 295	3 505
リース債務	1 159	152	6 321	1 100	3 834	575
その他の固定負債	10 033	17 200	87 188	5 403	4 719	13 772
純資産	121 580	59 972	731 359	60 347	112 026	209 869
株主資本	114 061	57 733	714 935	56 681	111 363	193 373
資本金	18 939	21 665	200 704	14 249	30 368	12 279
資本剰余金	2 662	99	13 586	1 725	10 106	2 949
利益剰余金	93 676	38 881	507 659	41 155	78 513	179 472
自己株式	- 1 215	- 2 912	- 7 014	- 447	- 7 623	- 1 327
その他の純資産	7 520	2 239	16 424	3 666	663	16 497

183

(単位：千円)

調査事項	計	運輸業, 郵便業					
		43 道路旅客運送業	44 道路貨物運送業	45 水運業	46 倉庫業	47 運輸に附帯するサービス業	48 郵便業(信書便事業を含む)
資産	374 742	249 950	291 597	1 123 201	1 010 694	518 301	-
流動資産	164 378	94 889	132 572	443 165	328 231	273 489	-
現金・預金	77 125	48 949	58 648	210 983	241 252	112 265	-
受取手形・売掛金	51 740	12 450	52 570	76 802	34 518	93 449	-
有価証券	2 510	2 028	1 114	4 724	16 642	5 019	-
棚卸資産	1 364	846	1 153	7 357	650	1 463	-
その他の流動資産	31 638	30 616	19 087	143 299	35 168	61 293	-
固定資産	208 876	154 748	157 649	678 585	680 795	241 362	-
有形固定資産	167 965	126 738	129 540	460 457	629 200	177 329	-
建物・構築物・建物附属設備	48 290	27 635	33 407	29 573	299 927	74 884	-
機械装置	6 018	1 087	2 792	4 738	43 659	16 859	-
船舶、車両運搬具、工具・器具・備品	42 653	22 335	29 024	389 701	29 386	34 660	-
リース資産	5 438	6 277	6 167	182	4 767	2 531	-
土地	78 674	73 524	65 500	34 737	342 238	81 530	-
建設仮勘定	775	783	491	3 663	1 287	1 157	-
その他の有形固定資産	1 587	1 393	1 572	2 456	4 022	861	-
減価償却累計額	- 15 469	- 6 296	- 9 413	- 4 594	- 96 086	- 35 154	-
無形固定資産	2 359	1 939	1 641	3 478	13 989	2 482	-
投資その他の資産	38 552	26 071	26 468	214 650	37 606	61 551	-
繰延資産	1 488	313	1 376	1 451	1 668	3 450	-
負債及び純資産	374 742	249 950	291 597	1 123 201	1 010 694	518 301	-
負債	251 046	158 903	205 473	822 309	571 274	318 513	-
流動負債	105 856	78 254	88 402	270 705	128 184	170 688	-
支払手形・買掛金	32 810	9 762	31 164	82 056	17 659	59 127	-
短期借入金(金融機関)	22 814	22 005	18 589	87 908	21 087	25 868	-
短期借入金(金融機関以外)	7 553	10 034	4 837	17 032	16 718	12 488	-
リース債務	1 612	1 921	1 811	719	478	863	-
その他の流動負債	41 067	34 532	32 002	82 989	72 241	72 342	-
固定負債	145 190	80 649	117 071	551 605	443 090	147 825	-
社債	2 388	1 173	1 909	5 204	11 804	2 453	-
長期借入金(金融機関)	104 864	39 224	87 793	430 574	356 106	92 303	-
長期借入金(金融機関以外)	14 015	14 972	11 033	43 418	13 462	19 153	-
リース債務	4 712	4 541	5 192	3 636	6 311	2 309	-
その他の固定負債	19 211	20 738	11 144	68 772	55 407	31 607	-
純資産	123 695	91 047	86 124	300 892	439 420	199 788	-
株主資本	116 609	81 547	80 980	296 506	425 614	187 105	-
資本金	17 288	16 483	13 601	33 451	41 030	24 494	-
資本剰余金	5 039	16 534	1 808	7 130	5 526	6 570	-
利益剰余金	96 083	49 733	66 617	259 370	395 203	157 345	-
自己株式	- 1 801	- 1 203	- 1 045	- 3 445	- 16 145	- 1 305	-
その他の純資産	7 086	9 500	5 144	4 386	13 806	12 684	-

（単位：千円）

調査事項	卸売業 計	50 各種商品卸売業	51 繊維・衣服等卸売業	52 飲食料品卸売業	53 建築材料,鉱物金属材料等卸売業	54 機械器具卸売業	55 その他の卸売業
資産	386 556	224 577	323 328	312 922	438 512	491 945	358 773
流動資産	270 340	158 882	209 576	216 240	290 536	362 077	260 548
現金・預金	79 679	48 040	59 279	67 247	75 780	109 858	81 543
受取手形・売掛金	119 502	62 324	75 351	90 825	146 025	163 128	106 787
有価証券	5 921	1 337	6 392	4 128	9 677	5 044	4 969
棚卸資産	39 466	27 324	51 060	31 269	34 293	43 780	46 080
その他の流動資産	25 772	19 857	17 494	22 770	24 762	40 267	21 169
固定資産	115 490	65 573	113 308	96 080	147 362	128 905	97 284
有形固定資産	73 454	40 470	65 954	65 719	101 899	75 094	57 456
建物・構築物・建物附属設備	26 008	13 143	23 142	25 640	35 742	24 599	20 322
機械装置	4 042	1 228	1 544	2 507	10 214	3 165	1 288
船舶、車両運搬具、工具・器具・備品	4 512	3 820	2 234	3 810	4 546	6 384	4 511
リース資産	836	2 234	374	518	1 020	1 515	379
土地	42 639	21 546	40 352	36 526	61 940	41 481	33 346
建設仮勘定	577	11	22	174	477	1 722	368
その他の有形固定資産	821	740	902	464	680	1 823	431
減価償却累計額	- 5 983	- 2 252	- 2 616	- 3 921	- 12 719	- 5 596	- 3 189
無形固定資産	1 906	885	2 587	1 664	2 442	2 287	1 130
投資その他の資産	40 130	24 218	44 767	28 697	43 021	51 525	38 699
繰延資産	726	122	444	603	614	963	941
負債及び純資産	386 556	224 577	323 328	312 922	438 512	491 945	358 773
負債	250 751	159 511	203 781	223 124	287 589	334 260	197 478
流動負債	170 990	99 018	117 732	150 789	194 872	243 335	133 352
支払手形・買掛金	102 036	54 343	51 128	77 763	122 994	154 713	84 356
短期借入金（金融機関）	35 603	18 994	43 882	41 684	36 580	34 556	28 468
短期借入金（金融機関以外）	8 029	9 395	7 331	8 255	4 943	14 055	5 882
リース債務	261	1 056	82	118	329	442	143
その他の流動負債	25 061	15 231	15 308	22 968	30 028	39 569	14 503
固定負債	79 761	60 493	86 049	72 335	92 716	90 926	64 126
社債	2 284	1 919	2 241	2 185	3 639	2 059	1 250
長期借入金（金融機関）	54 697	37 921	58 045	50 349	66 418	59 283	43 803
長期借入金（金融機関以外）	13 297	17 640	16 646	11 980	10 315	18 082	11 694
リース債務	466	1 305	96	325	519	931	187
その他の固定負債	9 017	1 707	9 022	7 496	11 825	10 571	7 194
純資産	135 805	65 066	119 547	89 798	150 923	157 685	161 295
株主資本	128 303	64 215	113 667	86 677	141 698	146 551	152 967
資本金	14 109	14 069	14 652	13 765	15 148	14 929	12 476
資本剰余金	4 679	5 189	3 678	3 193	1 206	5 780	9 049
利益剰余金	111 204	45 279	98 164	71 558	125 813	127 567	133 941
自己株式	- 1 691	- 322	- 2 826	- 1 839	- 468	- 1 725	- 2 500
その他の純資産	7 502	850	5 880	3 122	9 225	11 134	8 328

(単位：千円)

調査事項	小売業 計	56 各種商品小売業	57 織物・衣服・身の回り品小売業	58 飲食料品小売業	59 機械器具小売業	60 その他の小売業	61 無店舗小売業
資産	129 823	137 489	109 748	94 942	217 393	123 361	118 168
流動資産	76 065	60 005	61 566	41 401	133 121	76 825	76 530
現金・預金	27 235	31 501	20 991	21 119	42 380	27 425	23 860
受取手形・売掛金	17 365	5 710	6 804	6 259	37 106	18 419	17 923
有価証券	1 184	572	2 121	1 407	1 003	640	1 774
棚卸資産	19 011	12 072	25 124	7 163	25 968	22 247	18 326
その他の流動資産	11 270	10 150	6 526	5 454	26 664	8 094	14 647
固定資産	53 266	77 365	46 319	53 157	83 638	46 233	41 548
有形固定資産	40 367	61 646	30 915	40 709	65 435	33 888	34 105
建物・構築物・建物附属設備	17 587	31 413	16 043	19 472	23 753	15 400	13 949
機械装置	2 158	605	456	1 431	1 914	1 022	7 569
船舶,車両運搬具,工具・器具・備品	3 860	2 379	2 278	2 701	9 265	3 038	2 872
リース資産	422	885	206	347	889	407	196
土地	18 848	26 981	12 573	18 247	31 571	16 433	15 758
建設仮勘定	314	17	262	78	659	328	318
その他の有形固定資産	740	1 151	907	336	492	780	1 440
減価償却累計額	-3 561	-1 786	-1 810	-1 904	-3 109	-3 520	-7 997
無形固定資産	1 501	869	989	3 500	801	1 007	663
投資その他の資産	11 397	14 851	14 415	8 948	17 403	11 338	6 780
繰延資産	493	119	1 863	384	633	303	90
負債及び純資産	129 823	137 489	109 748	94 942	217 393	123 361	118 168
負債	92 918	100 310	82 293	68 849	161 082	82 348	89 388
流動負債	51 790	44 005	37 855	34 751	104 537	46 135	44 292
支払手形・買掛金	18 540	14 330	8 718	11 530	36 416	20 592	11 480
短期借入金(金融機関)	12 729	7 593	9 573	6 358	29 311	9 410	15 080
短期借入金(金融機関以外)	7 037	7 684	8 548	6 324	10 789	5 970	5 689
リース債務	194	97	98	100	418	236	62
その他の流動負債	13 290	14 302	10 917	10 438	27 604	9 927	11 981
固定負債	41 128	56 305	44 438	34 099	56 545	36 212	45 096
社債	581	14 057	388	304	1 124	661	67
長期借入金(金融機関)	26 968	30 081	28 766	22 608	36 938	23 730	29 752
長期借入金(金融機関以外)	8 541	10 011	11 379	7 629	9 634	8 033	8 155
リース債務	323	96	94	274	676	245	359
その他の固定負債	4 716	2 060	3 812	3 283	8 173	3 543	6 763
純資産	36 906	37 179	27 455	26 092	56 310	41 013	28 779
株主資本	34 450	22 088	26 000	26 362	55 837	34 710	28 977
資本金	7 455	6 382	7 181	6 465	7 973	7 348	8 931
資本剰余金	1 208	632	1 068	2 349	689	949	706
利益剰余金	26 197	15 100	18 098	17 693	47 597	26 830	20 188
自己株式	-410	-25	-346	-146	-422	-418	-848
その他の純資産	2 456	15 090	1 455	-269	473	6 303	-197

（単位：千円）

調査事項	不動産業，物品賃貸業			
	計	68 不動産取引業	69 不動産賃貸業・管理業	70 物品賃貸業
資産	479 592	331 799	511 985	715 851
流動資産	167 745	201 553	118 660	551 334
現金・預金	81 953	48 458	95 567	69 625
受取手形・売掛金	10 388	9 488	2 053	101 420
有価証券	3 394	1 077	4 352	2 361
棚卸資産	33 248	109 115	2 216	63 212
その他の流動資産	38 764	33 416	14 472	314 716
固定資産	311 251	129 454	392 892	162 987
有形固定資産	212 376	114 911	256 800	125 999
建物・構築物・建物附属設備	101 043	40 253	131 019	23 357
機械装置	3 365	598	2 523	22 995
船舶，車両運搬具，工具・器具・備品	3 212	2 791	2 154	15 953
リース資産	3 102	170	308	43 875
土地	111 035	71 658	131 208	52 773
建設仮勘定	1 232	641	1 548	216
その他の有形固定資産	1 573	627	1 560	5 398
減価償却累計額	- 12 185	- 1 827	- 13 520	- 38 567
無形固定資産	4 585	1 452	5 956	2 403
投資その他の資産	94 291	13 091	130 135	34 585
繰延資産	595	792	433	1 530
負債及び純資産	479 592	331 799	511 985	715 851
負債	285 006	265 844	269 323	524 431
流動負債	98 107	129 521	72 383	245 719
支払手形・買掛金	6 287	5 854	2 897	43 578
短期借入金（金融機関）	37 277	71 582	15 525	131 887
短期借入金（金融機関以外）	19 636	19 922	19 456	20 410
リース債務	427	335	101	4 210
その他の流動負債	34 480	31 828	34 403	45 635
固定負債	186 899	136 323	196 941	278 711
社債	3 147	2 024	3 623	2 529
長期借入金（金融機関）	109 554	99 144	103 160	217 305
長期借入金（金融機関以外）	29 386	27 840	29 378	35 495
リース債務	395	175	160	3 715
その他の固定負債	44 417	7 140	60 619	19 668
純資産	194 586	65 955	242 662	191 420
株主資本	159 895	69 647	191 424	180 785
資本金	13 810	12 197	14 455	13 328
資本剰余金	11 740	2 036	16 264	2 080
利益剰余金	135 963	55 697	162 676	168 493
自己株式	- 1 618	- 283	- 1 971	- 3 115
その他の純資産	34 691	- 3 692	51 237	10 635

(単位：千円)

調査事項	学術研究，専門・技術サービス業			
	計	72 専門サービス業(他に分類されないもの)	73 広告業	74 技術サービス業(他に分類されないもの)
資　産	120 474	154 538	203 635	84 653
流動資産	67 414	72 459	142 978	53 375
現金・預金	35 397	38 129	78 648	27 473
受取手形・売掛金	14 002	11 680	39 541	12 133
有価証券	2 592	5 103	4 627	517
棚卸資産	2 775	1 494	1 685	3 840
その他の流動資産	12 649	16 052	18 476	9 413
固定資産	52 152	81 827	60 179	29 843
有形固定資産	23 399	24 904	27 801	21 717
建物・構築物・建物附属設備	10 338	8 395	9 031	11 907
機械装置	1 024	400	498	1 542
船舶，車両運搬具，工具・器具・備品	2 461	1 824	2 714	2 882
リース資産	323	293	360	339
土地	11 172	12 589	14 859	9 650
建設仮勘定	302	680	37	69
その他の有形固定資産	926	1 660	2 110	238
減価償却累計額	-3 147	-938	-1 807	-4 910
無形固定資産	974	974	1 879	849
投資その他の資産	27 779	55 949	30 499	7 277
繰延資産	907	252	478	1 435
負債及び純資産	120 474	154 538	203 635	84 653
負　債	67 323	87 362	107 808	47 415
流動負債	34 319	39 910	65 193	26 062
支払手形・買掛金	7 276	6 791	30 748	4 381
短期借入金(金融機関)	6 139	5 455	12 699	5 723
短期借入金(金融機関以外)	4 667	6 152	5 039	3 555
リース債務	172	173	218	165
その他の流動負債	16 065	21 339	16 488	12 238
固定負債	33 003	47 453	42 615	21 353
社債	2 026	4 330	1 901	397
長期借入金(金融機関)	17 617	20 508	27 002	14 256
長期借入金(金融機関以外)	4 404	5 870	3 722	3 450
リース債務	247	243	286	244
その他の固定負債	8 710	16 501	9 705	3 006
純資産	53 151	67 175	95 827	37 238
株主資本	50 277	64 452	90 214	34 634
資本金	12 829	18 959	11 837	8 587
資本剰余金	7 222	14 027	1 010	3 218
利益剰余金	31 857	35 025	77 720	23 260
自己株式	-1 632	-3 560	-352	-431
その他の純資産	2 874	2 723	5 613	2 604

(単位:千円)

調査事項	宿泊業, 飲食サービス業			
	計	75 宿泊業	76 飲食店	77 持ち帰り・配達飲食サービス業
資産	98 525	282 320	61 459	67 823
流動資産	23 738	52 281	17 023	31 036
現金・預金	14 163	27 784	11 324	13 048
受取手形・売掛金	2 848	4 296	2 112	8 185
有価証券	422	1 379	223	332
棚卸資産	1 113	1 405	1 024	1 443
その他の流動資産	5 192	17 417	2 340	8 027
固定資産	74 426	229 135	44 233	35 890
有形固定資産	62 807	203 087	35 209	30 656
建物・構築物・建物附属設備	35 661	122 808	18 888	10 996
機械装置	651	1 035	420	2 517
船舶,車両運搬具,工具・器具・備品	3 977	8 436	3 022	3 940
リース資産	226	208	194	674
土地	24 546	78 235	14 083	10 989
建設仮勘定	364	22	413	672
その他の有形固定資産	1 580	2 909	1 351	870
減価償却累計額	-4 199	-10 567	-3 163	-2
無形固定資産	1 190	2 049	1 071	374
投資その他の資産	10 429	24 000	7 954	4 860
繰延資産	361	904	202	897
負債及び純資産	98 525	282 320	61 459	67 823
負債	86 662	240 235	56 154	55 177
流動負債	29 286	56 135	23 985	23 361
支払手形・買掛金	3 362	5 470	2 694	6 058
短期借入金(金融機関)	5 181	11 928	3 828	3 960
短期借入金(金融機関以外)	10 389	15 405	9 750	4 858
リース債務	66	74	46	293
その他の流動負債	10 288	23 258	7 667	8 193
固定負債	57 377	184 100	32 169	31 815
社債	306	651	256	#VALUE!
長期借入金(金融機関)	37 081	137 407	16 634	23 012
長期借入金(金融機関以外)	14 346	30 862	11 504	5 442
リース債務	93	115	74	282
その他の固定負債	5 550	15 065	3 701	3 079
純資産	11 863	42 085	5 305	12 646
株主資本	9 815	35 130	4 233	11 595
資本金	7 352	14 716	5 886	5 888
資本剰余金	646	1 591	354	1 763
利益剰余金	1 947	19 104	-1 915	4 150
自己株式	-131	-282	-92	-206
その他の純資産	2 048	6 955	1 072	1 052

(単位：千円)

調査事項	生活関連サービス業, 娯楽業			
	計	78 洗濯・理容・美容・浴場業	79 その他の生活関連サービス業	80 娯楽業
資産	232 987	54 460	235 372	621 761
流動資産	70 052	17 869	111 126	148 208
現金・預金	35 056	10 985	42 627	81 105
受取手形・売掛金	5 891	2 579	10 283	9 284
有価証券	1 426	222	1 513	3 986
棚卸資産	2 539	1 155	3 137	5 044
その他の流動資産	25 140	2 928	53 567	48 789
固定資産	162 052	36 065	123 879	471 437
有形固定資産	130 421	27 912	87 360	392 699
建物・構築物・建物附属設備	50 120	14 916	40 936	135 266
機械装置	4 871	3 379	1 560	11 049
船舶、車両運搬具、工具・器具・備品	9 253	2 291	4 288	28 856
リース資産	1 194	275	393	3 910
土地	62 623	9 248	41 775	197 806
建設仮勘定	1 104	198	628	3 509
その他の有形固定資産	9 380	697	983	35 770
減価償却累計額	-8 124	-3 091	-3 202	-23 468
無形固定資産	2 444	645	2 192	6 603
投資その他の資産	29 187	7 508	34 327	72 135
繰延資産	883	526	367	2 117
負債及び純資産	232 987	54 460	235 372	621 761
負債	164 980	45 352	171 614	421 067
流動負債	64 343	18 353	111 283	123 785
支払手形・買掛金	7 738	2 021	12 392	16 166
短期借入金(金融機関)	7 139	2 890	7 507	16 116
短期借入金(金融機関以外)	12 017	5 062	8 279	30 532
リース債務	343	79	125	1 113
その他の流動負債	37 106	8 301	82 980	59 859
固定負債	100 637	26 999	60 331	297 283
社債	1 674	292	1 524	4 832
長期借入金(金融機関)	49 948	17 161	44 548	126 479
長期借入金(金融機関以外)	18 815	6 795	9 121	53 652
リース債務	901	427	309	2 456
その他の固定負債	29 299	2 323	4 830	109 863
純資産	68 006	9 108	63 757	200 694
株主資本	65 395	8 846	62 180	192 033
資本金	10 487	5 877	13 740	17 720
資本剰余金	4 192	267	1 850	14 842
利益剰余金	51 110	2 819	47 155	160 318
自己株式	-394	-117	-564	-848
その他の純資産	2 611	262	1 578	8 661

（単位：千円）

調査事項	サービス業 計	88 廃棄物処理業	89 自動車整備業	90 機械等修理業（別掲を除く）	91 職業紹介・労働者派遣業	92 その他の事業サービス業
資　産	205 457	241 033	63 475	128 681	134 177	356 198
流動資産	124 014	122 155	31 140	96 875	85 201	223 367
現金・預金	59 754	69 670	12 174	35 115	44 038	108 457
受取手形・売掛金	34 249	26 139	9 292	48 452	29 474	55 573
有価証券	1 742	890	546	1 239	704	3 566
棚卸資産	4 409	1 764	2 074	5 888	408	8 132
その他の流動資産	23 859	23 692	7 054	6 181	10 577	47 639
固定資産	80 702	118 757	32 248	31 589	46 583	131 573
有形固定資産	59 744	100 119	26 092	17 348	27 239	94 453
建物・構築物・建物附属設備	20 939	41 041	10 525	5 026	9 909	29 710
機械装置	4 949	14 323	1 700	954	105	6 485
船舶、車両運搬具、工具・器具・備品	7 697	13 656	1 922	3 289	2 971	12 891
リース資産	1 437	1 674	457	576	292	2 772
土地	30 008	44 017	12 626	8 660	14 728	50 164
建設仮勘定	177	268	19	107	147	304
その他の有形固定資産	805	1 095	571	177	376	1 208
減価償却累計額	- 6 269	- 15 955	- 1 727	- 1 440	- 1 289	- 9 081
無形固定資産	1 482	1 086	627	3 033	1 479	1 872
投資その他の資産	19 477	17 552	5 528	11 208	17 865	35 248
繰延資産	741	122	87	217	2 393	1 258
負債及び純資産	205 457	241 033	63 475	128 681	134 177	356 198
負　債	134 245	131 120	47 655	78 013	78 967	242 781
流動負債	88 194	48 949	23 188	48 892	42 745	185 092
支払手形・買掛金	27 768	12 596	5 296	31 305	8 398	57 430
短期借入金（金融機関）	5 593	8 200	5 844	3 115	5 326	5 176
短期借入金（金融機関以外）	3 338	3 427	3 897	2 528	2 047	3 448
リース債務	203	421	109	380	87	169
その他の流動負債	51 292	24 304	8 042	11 564	26 887	118 868
固定負債	46 051	82 171	24 468	29 120	36 222	57 689
社債	621	2 221	37	16	2 303	180
長期借入金（金融機関）	25 421	67 031	15 040	21 965	26 250	17 934
長期借入金（金融機関以外）	6 665	7 923	7 509	3 872	4 047	7 062
リース債務	1 147	118	150	30	225	3 038
その他の固定負債	12 198	4 878	1 732	3 237	3 397	29 476
純資産	71 211	109 913	15 819	50 669	55 209	113 417
株主資本	65 749	108 596	14 920	50 010	54 829	99 388
資本金	9 353	11 525	6 805	8 784	13 401	9 671
資本剰余金	1 693	2 647	455	1 286	658	2 772
利益剰余金	55 594	95 170	7 722	40 941	41 316	88 662
自己株式	- 891	- 746	- 61	- 1 001	- 546	- 1 718
その他の純資産	5 463	1 317	899	659	381	14 030

【参考文献・ホームページ】

≪参考文献≫

- 中小企業 定性評価ハンドブック　保科悦久　吉倉英代　一瀬章　土屋嘉男　経済法令研究会
- 流通ネットワーキング・連載「緻密な分析でライバルに差をつけろ！」　日本工業出版
- 業種別　定性評価「訓練ノート」コース　技術力評価　経済法令研究会
- 業種別　定性評価「訓練ノート」コース　販売力評価　経済法令研究会
- 中小企業経営支援アドバイスコース　経済法令研究会
- 『中小企業の財務指標』徹底活用マニュアル　保科悦久　同友館
- 「建設・建築業」普通の会社になりなさい　中井久史　産能大学出版部
- よくわかる建設業界　長門昇＆株式会社建設経営サービス　日本実業出版社
- よくわかる不動産業界［改訂版］　山下和之　日本実業出版社
- 税理士で笑いがとまらない開業ノウハウ　大井敏生　ぱる出版
- 税理士ビジネスで成功するための営業術　TACプロフェッションネットワーク編
- 誰も教えてくれない「農業」商売の始め方・儲け方　大森森介
- 農業経営診断実務マニュアル　中小企業診断協会　経営戦略工学研究センター
- 業種別審査事典　金融財政事情研究会

≪参考ホームページ≫

- FIDELI業種ナビ　http://industry.fideli.com/
- JA東京中央　http://www.ja-tokyochuo.or.jp/
- 国立国会図書館　http://www.ndl.go.jp/jp/
- 矢野経済研究所　http://www.yano.co.jp/
- 全国農業協同組合連合会　http://www.zennoh.or.jp/
- 全日本トラック協会　http://www.jta.or.jp/
- 総務省　統計局　http://www.stat.go.jp/
- 大阪市　市の財政　http://www.city.osaka.lg.jp/shisei_top/category/889-0-0-0-0.html
- 富士通ジャーナル　業種・業態現状の課題と今後の取組

http://jp.fujitsu.com/about/journal/movement/industry/
- 農林業センサス　http://www.maff.go.jp/j/tokei/census/afc/
- 白書情報／農林水産省　http://www.maff.go.jp/j/wpaper/
- 漁業就業動向調査／農林水産省　http://www.maff.go.jp/j/tokei/kouhyou/gyogyou_doukou/
- 漁業生産額／農林水産省　http://www.maff.go.jp/j/tokei/kouhyou/gyogyou_seigaku/
- 建設総合統計／国土交通省　http://www.mlit.go.jp/sogoseisaku/jouhouka/sosei_jouhouka_tk4_000013.html
- 工業統計調査／経済産業省　http://www.meti.go.jp/statistics/tyo/kougyo/
- 情報通信白書／総務省　http://www.soumu.go.jp/johotsusintokei/whitepaper/
- 我が国LCC事業の概要／国土交通省
    http://www.mlit.go.jp/common/001116912.pdf
- 我が国のLCCの現状と課題／国土交通省
    http://www.mlit.go.jp/common/001017437.pdf
- 宅配の再配達の発生による社会的損失の試算について／国土交通省
    http://www.mlit.go.jp/common/001102289.pdf
- 中小卸売業の生き残り戦略「3S+P」／日本政策金融公庫
    https://www.jfc.go.jp/n/findings/pdf/soukenrepo_14_10_31.pdf
- 平成26年商業統計速報／経済産業省
    http://www.meti.go.jp/press/2015/06/20150630004/20150630004b.pdf
- 国土交通白書 2016／国土交通省
    http://www.mlit.go.jp/hakusyo/mlit/h27/hakusho/h28/index.html
- リース事業協会
    http://www.leasing.or.jp/
- 特定サービス産業実態調査／経済産業省
    http://www.meti.go.jp/statistics/tyo/tokusabizi/
- 日本フードサービス協会　http://www.jfnet.or.jp/
- 自動車整備業を取り巻く現状と課題／国土交通省
    http://www.mlit.go.jp/common/001058685.pdf

● 著者紹介
三浦　英晶（みうら　ひであき）
1970年広島県生まれ。日本大学生産工学部卒業。小売サービス業界で店舗管理・在庫管理・商品開発を経験し、現在、㈱ブレインコンサルティング・マネージャー。同社にて、会計をポジティブに活用する〝クリエイティブ会計〟の考え方に基づいた企業支援を行っている。中小企業診断士、ITコーディネータ、販売士、ハーマンモデル・ファシリテーター、ISO9001認定員補。
連絡先：info@braincon.co.jp

保科　悦久（ほしな　よしひさ）
1966年静岡県生まれ。早稲田大学政治経済学部卒業。現在、㈱ブレインコンサルティング代表取締役。監査法人退職後、同社を開設し、中小企業の経営計画、経理、税務、資金繰りのアドバイス業務や、大手企業の財務会計、管理会計、システム導入などのコンサルティング業務を行っている。公認会計士、税理士、中小企業診断士、ITコーディネータ。

● 執筆協力
伊藤　隆光（いとう　たかみつ）　　中小企業診断士
岩永　武大（いわなが　たけお）　　中小企業診断士
小早川　渡（こばやかわ　わたり）　中小企業診断士
工藤　広平（くどう　こうへい）　　㈱ブレインコンサルティング・取締役

三訂　業種別「目利き力」DASP-4列SWOT分析活用法

2009年7月10日　初　版第1刷発行	著　者　三浦英晶・保科悦久
2012年2月15日　改訂版第1刷発行	発行者　金　子　幸　司
2016年12月15日　三訂版第1刷発行	発行所　㈱経済法令研究会
	〒162-8421　東京都新宿区市谷本村町3−21
〈検印省略〉	電話　代表03(3267)4811　制作03(3267)4823

営業所／東京 03(3267)4812　大阪 06(6261)2911　名古屋 052(332)3511　福岡 092(411)0805

カバーデザイン／清水裕久(Pesco Paint)　組版／ＤＴＰ室　制作／笹原伸貴　印刷／日経印刷㈱

Ⓒ Hideaki Miura , Yoshihisa Hoshina 2016　Printed in Japan　　ISBN978-4-7668-3336-2

"経済法令グループメールマガジン"配信ご登録のお勧め
当社グループが取り扱う書籍、通信講座、セミナー、検定試験情報等、皆様にお役立ていただける情報をお届け致します。下記ホームページのトップ画面からご登録いただけます。
☆　経済法令研究会　http://www.khk.co.jp/　☆

定価はカバーに表示してあります。無断複製・転用等を禁じます。落丁・乱丁本はお取替えします。